Guy de Maupassant Guy de Maupassant Guy de Maupassant Guy de Maupassant Guy de Maupassant Guy de Maupassant

Maupassant

Sous la direction
de Vital Gadbois et Nicole Simard

Textes intégraux

Coco, La folle et autres récits brefs

Notes, présentation et
appareil pédagogique préparés
par Robert Chartrand
et Jocelyne Cyr, professeurs au
Cégep du Vieux-Montréal

MODULO

Nous reconnaissons l'aide financière du gouvernement du Canada par l'entremise du Programme d'Aide au Développement de l'Industrie de l'Édition (PADIÉ) pour nos activités d'édition.

Catalogage avant publication de Bibliothèque et Archives Canada
Maupassant, Guy de, 1850-1893

Coco, La folle et autres récits brefs

(Bibliothèque La Lignée)
Comprend des réf. bibliogr.
Pour les étudiants du niveau collégial.

ISBN 2-89443-262-3

1. Maupassant, Guy de, 1850-1893 - Critique et interprétation. I. Chartrand, Robert, 1944- . II. Cyr, Jocelyne, 1957- . III. Titre. IV. Collection.

PQ2349.Z5C42 2006   843'.8   C2005-942535-0

Équipe de production
Éditeur : Sylvain Garneau
Chargée de projet : Dominique Lefort
Révision linguistique : Alexandra Soyeux
Correction d'épreuves : Christophe Ryneczko, Alexandra Soyeux
Typographie : Carole Deslandes
Montage : Sylvie Tétreault
Maquette : Charles Lessard
Couverture : Julie Bruneau

MODULO

Groupe Modulo est membre de
l'Association nationale des éditeurs de livres.

DANGER
LE
PHOTOCOPILLAGE
TUE LE LIVRE

Coco, La folle et autres récits brefs
© Groupe Modulo, 2006
233, avenue Dunbar
Mont-Royal (Québec)
Canada   H3P 2H4
Téléphone : (514) 738-9818 / 1 888 738-9818
Télécopieur : (514) 738-5838 / 1 888 273-5247
Site Internet : www.groupemodulo.com

Dépôt légal - Bibliothèque et Archives nationales du Québec, 2006
Bibliothèque nationale du Canada, 2006
ISBN 978-2-89443-262-4

Imprimé au Canada
2 3 4 5   12 11 10 09 08

Créée par des professeurs de littérature enthousiastes, La Lignée accompagne l'enseignement de la littérature au collégial depuis 1980. Groupe Modulo est fier de vous présenter, sous ce nom prestigieux, une collection d'ouvrages littéraires sélectionnés pour leur qualité et leur originalité ; des professeurs d'expérience vous en faciliteront la lecture et la compréhension.

L'introduction situe l'auteur dans son époque, éclaire son œuvre dans ce qu'elle a d'original, analyse sa langue dans ce qui la distingue et son style dans ce qu'il a d'unique. Quelques précisions sont données concernant l'édition du texte à lire.

La première partie comporte des récits intégraux, accompagnés de notes de bas de page qui aplanissent les difficultés de langue et qui expliquent les allusions historiques ou culturelles.

En deuxième partie, deux récits font chacun l'objet d'une recherche lexicographique suivie de questions vous permettant de découvrir l'œuvre progressivement. Dans le premier cas, les réponses vous sont partiellement fournies ; dans le deuxième ne sont présentées que les questions. Le but est d'abord de comprendre le texte (première approche), de l'analyser (deuxième approche), finalement de le commenter, en le comparant avec un autre récit du présent recueil, puis avec un texte d'un auteur différent (troisième approche).

Des annexes contiennent des informations nécessaires à la lecture de l'œuvre : un tableau synoptique de la vie de l'auteur et de son époque ainsi qu'un glossaire des notions littéraires utilisées dans l'analyse de l'œuvre. Suit enfin une médiagraphie composée d'ouvrages, de films et de sites Internet susceptibles de piquer votre curiosité et de vous inciter à lire d'autres grandes œuvres de la littérature.

Vital Gadbois et Nicole Simard,
directeurs de la collection « Bibliothèque La Lignée »

TABLE DES MATIÈRES

Symbole

* Les mots définis dans le Glossaire des notions littéraires sont signalés, au fil des pages, par un astérisque.

Portrait de Guy de Maupassant pour le recueil *Boule de suif*,
publié chez Armand Magnier, à Paris, en 1897.

LA VIE DE MAUPASSANT

Guy de Maupassant naît le 5 août 1850, en Normandie, au château de Miromesnil, une vaste demeure louée par ses parents. La famille est donc à l'aise, sans être fortunée. Son père se nommait Gustave Maupassant, sans le *de*, car on avait oublié, lors de son baptême, d'enregistrer la particule nobiliaire devant son patronyme. Il y avait pourtant droit puisque son arrière-arrière-grand-père avait été anobli au milieu du XVIII\e siècle, sous Louis XV. Ce n'est que peu avant son mariage que Gustave fera les démarches — à l'instigation, semble-t-il, de sa future épouse, Laure Le Poittevin — qui lui permettront de s'appeler *de* Maupassant.

L'écrivain se montrera fier, à l'occasion, de cette trace de noblesse dans son ascendance. Et c'est sans doute en souvenir de son arrière-grand-père, Louis-François de Maupassant de Valmont, qu'il signera certains de ses premiers textes du pseudonyme Guy de Valmont.

UNE BELLE JEUNESSE

Maupassant passera son enfance et sa jeunesse dans une relative insouciance, au cœur de sa Haute-Normandie natale, ce pays de Caux parsemé de vallées fertiles, hérissé de falaises impressionnantes, dont les plus célèbres sont celles d'Étretat. Il parcourra sa région en jouant, observera ses paysages tout autant que ses habitants : les paysans, les petits-bourgeois ou les pêcheurs avec qui il a parfois la permission de partir en mer. Toute sa vie, il demeurera attaché à sa province natale. Entre ses voyages et ses occupations parisiennes, il reviendra souvent y séjourner et elle sera très présente dans son œuvre. La plage d'Étretat dans *Adieu*, le village de Virelogne dans *La mère Sauvage*, les coins de campagne dans *Le baptême* ou dans *Coco* sont autant de décors enchanteurs qui disent à quel point Maupassant a aimé sa région d'origine.

Le jeune Maupassant est un garçon robuste, de forte carrure — on le surnommera plus tard « le petit taureau normand » —, qui se révèle très tôt amoureux de la chasse. Il pratique la boxe, est un excellent nageur et deviendra un canoteur infatigable. Il aime éprouver son endurance physique, dépenser son énergie qu'il sent débordante. Déjà, il a envie de goûter à tous les plaisirs de la vie.

Maupassant grandit dans un climat de liberté. Son père, qui n'a guère le sens de la famille, s'occupe à peine de lui. C'est sa mère qui voit à son éducation tout en lui épargnant de nombreuses contraintes, y compris celles de l'école primaire. Laure de Maupassant est une femme intelligente et cultivée, qui inculque à ses fils (Guy a un frère, Hervé, qui a cinq ans de moins que lui) une certaine indulgence à l'égard des faiblesses humaines, mais également une attitude critique envers l'étroitesse d'esprit des bourgeois : Maupassant s'en souviendra lors de l'écriture de *L'enfant* de 1883.

Laure encourage son fils Guy dans la voie de l'écriture, car celui-ci n'est pas qu'un sportif et un amateur de plein air, il écrit aussi des poèmes. C'est grâce à sa mère que, plus tard, il va fréquenter Gustave Flaubert (1821-1880). Laure connaissait le romancier de longue date, puisqu'il avait été le meilleur ami de son frère, Alfred Le Poittevin.

Tout n'est cependant pas idyllique pour le jeune garçon : ses parents ne s'entendent guère et, lorsque la famille s'installe à Paris, la rupture survient. Laure en a assez de ce mari volage. Les deux époux se séparent à l'amiable et Laure rentre en Normandie avec ses deux enfants. Maupassant, qui a alors dix ans, ne semble pas avoir été traumatisé par cet épisode. Il en gardera cependant un souvenir amer qui explique peut-être, dans son œuvre, les propos cyniques de personnages masculins sur le mariage, cet « accouplement légal » qui ne serait qu'une « bêtise », selon le narrateur* de *Lui ?*, ou, pire encore, un enfer, comme le croit le héros de *Fou ?*.

Autre souvenir désagréable, celui des collèges normands où Maupassant a fait ses études secondaires. Celui-ci se montre d'abord un élève appliqué : dans ses temps libres, il écrit des vers, conseillé par Louis Bouilhet, lui-même poète et bibliothécaire à Rouen, et qui est un ami intime de Flaubert. Toutefois, n'ayant pas l'habitude de se plier à des règlements et étant réfractaire à la morale stricte qu'on veut lui imposer, le jeune Maupassant a tôt fait de se rebeller. Il fait des frasques avec des confrères et est renvoyé. Il obtient tout de même son diplôme de bachelier — l'équivalent de notre DEC — et, en 1870, il part demeurer chez son père, à Paris, pour y étudier le droit.

Mais voilà que se produit un événement majeur qui va bouleverser le pays tout entier : la France entre en guerre contre les États allemands, dirigés par la Prusse.

LE MILITAIRE

Maupassant n'attend pas d'être conscrit. Il s'engage comme volontaire, sans doute davantage par goût du défi que par patriotisme. Cantonné en Normandie, il va faire partie de l'intendance, c'est-à-dire des services qui assurent l'administration, les communications et le ravitaillement des troupes. Il y avait peut-être, dans cette décision de se porter volontaire, une intention calculée de la part du jeune Maupassant : ce faisant, il avait le choix de son affectation. Ce qu'on sait de sa participation à cette guerre, c'est qu'il a, selon ses dires, couru quelques dangers lorsqu'il a dû aller livrer des messages ; par contre, il n'a pas participé directement à des affrontements avec les envahisseurs.

S'il n'a pas connu les champs de bataille, Maupassant a cependant vu cette guerre d'assez près pour en mesurer les horreurs et la bêtise, de même que le désastre qu'elle a été pour la France : son armée vite mise en déroute, sa capitulation, puis son occupation. Ce triste épisode, l'écrivain l'évoquera à de nombreuses reprises dans son œuvre pour en souligner l'absurdité, comme dans *L'aventure de Walter Schnaffs* et *Deux amis*, ou la cruauté, comme dans *La folle* et *La mère Sauvage*.

LE FONCTIONNAIRE

La France vaincue, humiliée, se relève toutefois plutôt bien de cette guerre. En dépit de l'agitation politique, le pays connaît une relative prospérité économique de même qu'une libéralisation graduelle : la syndicalisation se répand, les débats d'idées se multiplient.

Maupassant, lui, doit penser à son avenir. Il renonce à poursuivre ses études de droit. Paradoxalement, ce jeune homme épris de liberté et de grand air, hostile aux contraintes des horaires fixes et des rapports hiérarchiques, fera de nombreuses démarches — soutenues par son père, puis par Flaubert — pour s'assurer un emploi dans la fonction publique.

Preuve de sa détermination : il se contente d'abord d'être un employé surnuméraire et travaille sans salaire en attendant qu'un poste lui soit attribué. Il sera à l'emploi du ministère de la Marine et des Colonies, du Service des approvisionnements généraux, puis du ministère de l'Instruction publique. Il est chargé, entre autres tâches, de tenir des inventaires et d'assurer les mises à jour de divers documents officiels. Ce travail ennuie Maupassant, mais celui-ci sait se montrer un employé docile, bien évalué d'ailleurs par ses supérieurs. En bon Normand, l'écrivain en herbe a le sens pratique : ces emplois lui assurent de quoi vivre, tout en lui laissant du temps pour écrire.

Il sera donc fonctionnaire pendant presque dix ans, au cours desquels il obtiendra plusieurs congés, notamment pour des raisons de santé. Il ne démissionnera officiellement qu'après s'être assuré de pouvoir vivre de sa plume.

L'ÉCRIVAIN

Soutenu et conseillé par Gustave Flaubert, déjà célèbre, Maupassant continue d'écrire des poèmes, comme il le fait depuis qu'il est tout jeune. Il compose également des pièces de théâtre ainsi que de courts récits et, en 1877, il écrit son premier roman, *Une vie*, qui ne sera achevé qu'en 1883.

Flaubert a tôt fait de déceler le talent de son protégé, à qui il est d'autant plus attaché que celui-ci lui rappelle par bien des traits son grand ami, Alfred Le Poittevin, l'oncle maternel de Guy. Flaubert considérera Maupassant comme son disciple et l'aimera, écrit-il, comme un fils.

Grâce à Flaubert, Maupassant va fréquenter d'autres écrivains déjà connus, notamment Zola (1840-1902), Huysmans (1848-1907) et Ivan Tourgueniev (1818-1883), qui se situent pour la plupart dans la mouvance réaliste. Ces fréquentations enrichiront le bagage culturel et littéraire de Maupassant.

J. K. HUYSMANS   PAUL ALEXIS   GUY DE MAUPASSANT

LÉON HENNIQUE   ÉMILE ZOLA   HENRY CEARD

Tableau représentant les six auteurs du recueil de nouvelles *Les Soirées de Médan*, qui introduit le naturalisme dans la littérature française (1880).

© Harlingue (HRL-602978). / Roger-Violet.

L'année 1880 est une année charnière pour lui. Elle marque la fin de son apprentissage d'écrivain : Flaubert, son père spirituel, meurt au mois de juin. La même année, Maupassant publie la nouvelle *Boule de suif* dans un recueil collectif, intitulé *Les Soirées de Médan*, où figurent les signatures de Zola et de ses amis. Parmi les textes de ces auteurs, c'est celui du jeune Maupassant qui attire le plus l'attention. C'est le début de la consécration : dès lors, il est reconnu comme un écrivain de talent. Il lui sera désormais plus facile de publier ses textes dans les journaux et les périodiques qui se sont multipliés, à Paris et en province, après la guerre de 1870-1871.

L'époque est propice aux débats d'idées. Une loi sur la liberté de la presse est votée en 1881 et, grâce à la mécanisation des procédés d'imprimerie, les journaux sont devenus plus faciles à produire et moins chers. Chacun d'eux peut même cibler son public : bourgeois ou populaire, conservateur ou progressiste ; certains ont un ton sérieux, d'autres sont satiriques.

Ces journaux, qui ne comptent souvent que quatre pages, ne ressemblent pas à ceux d'aujourd'hui. On y accorde moins de place aux grands événements sociaux et politiques qu'aux faits divers ou aux réflexions sur les mœurs de l'époque. Et il n'est pas rare d'y trouver un texte littéraire d'un auteur connu : poème, conte ou nouvelle, chapitre de roman. C'est une formule où chacun trouve son compte : le public peut avoir accès à peu de frais à de la littérature de qualité, et les écrivains, eux, sont assurés d'un lectorat important et d'un revenu fixe.

Maupassant va profiter de cette conjoncture favorable. Il collabore à plusieurs journaux et périodiques : *Le Figaro*, tiré à quelque 100 000 exemplaires, et *La Revue de Paris*. À partir de 1881, il travaille plus régulièrement au *Gaulois* et à *Gil Blas*, dont les tirages sont plutôt modestes, mais qui paient bien. D'ailleurs, toute l'œuvre de fiction de Maupassant, de même que ses chroniques et ses récits de voyage seront ainsi publiés avant d'être édités en volumes.

En une dizaine d'années à peine, Maupassant écrit l'essentiel de son œuvre : quelque trois cents contes et nouvelles, autant de chroniques sur les sujets les plus divers, et des romans. De plus, il voyage en Afrique du Nord et en Sicile à titre de reporter. Veillant de près à ses propres intérêts, il négocie avec différents éditeurs et s'assure de la bonne diffusion de ses livres. Il fréquente ses amis écrivains, sans oublier pour autant ses compagnons de canotage et sa chère Normandie.

Un tel déploiement d'énergie n'a pas de quoi étonner de la part d'un homme robuste dans la trentaine. Toutefois, ce que peu de gens savent, c'est que Maupassant doit périodiquement cesser toute activité. Contre toute apparence, il est gravement malade et il ne lui reste que quelques années à vivre.

LE MALADE

Dès la fin de la vingtaine, Maupassant éprouve différents malaises qui vont en s'aggravant : migraines, troubles de la vue, etc. Il s'en inquiète et tente de se faire soigner auprès de plusieurs médecins. Maupassant souffre de la syphilis, qu'il a probablement contractée lors de rapports sexuels avec des prostituées.

Pour tenter de le guérir, on lui prescrit toutes sortes de cures et de traitements qui ne lui procureront au mieux qu'un soulagement temporaire. À certains moments, Maupassant est incapable de lire. Il lui arrive de chercher ses mots et même d'avoir peine à parler. Sa langue perd de sa souplesse, son système cardiovasculaire est atteint. En 1891 — il a tout juste 41 ans —, il n'écrit pratiquement plus. Il se sent devenir fou et craint de finir comme son jeune frère Hervé, qui est mort en 1889 dans un asile, à l'âge de 33 ans.

Maupassant fait alors de fréquents séjours dans le sud de la France, dans l'espoir que la chaleur et le soleil lui seront bénéfiques. Finalement, il est interné à Paris, à la clinique du docteur Émile Blanche, où il mourra en juillet 1893, quelques mois après une tentative de suicide.

Tous ces malaises dont il a souffert pendant la moitié de sa courte vie, Maupassant n'en a parlé qu'à quelques proches. Il n'y a en effet aucune trace notable de la maladie dans son œuvre, si ce n'est celle de la folie. « Je tiens ma vie si secrète que personne ne la connaît », écrit-il un jour à une amie.

Antoine-Émile Blanche (1828-1893), médecin psychiatre français
qui soigna notamment Gérard de Nerval et Guy de Maupassant.

© Collection Roger-Viollet. / RV-453310.

Sur ce point, Maupassant aura été fidèle au mot d'ordre de son conseiller et ami Gustave Flaubert : un écrivain authentiquement réaliste doit s'effacer devant son œuvre et éviter d'y raconter des épisodes de sa propre vie.

Maupassant a dit de lui-même qu'il était « entré en littérature comme un météore ». Il en est sorti tout aussi rapidement. En tout, sa vie active d'écrivain n'aura duré qu'une douzaine d'années.

L'ŒUVRE DE MAUPASSANT

LES INFLUENCES

On l'a dit, c'est grâce à sa mère que Maupassant a fait la connaissance de Gustave Flaubert. Elle avait demandé à ce dernier de conseiller son fils, ce que Flaubert a accepté de bonne grâce. À l'époque, Maupassant sera d'ailleurs considéré comme le fils spirituel, voire l'héritier littéraire de Flaubert. Une rumeur tenace — qui sera finalement démentie par des historiens — laissait même entendre que Flaubert, qui avait exactement le même âge que Gustave de Maupassant, était son père biologique.

Flaubert a sûrement poussé Maupassant à se soucier des détails dans ses récits de même que du choix des mots, à veiller à la neutralité du narrateur*, à dévoiler l'intériorité des personnages par le dehors, à viser un style transparent, apparemment impersonnel. Maupassant n'ira cependant pas jusqu'à considérer son travail comme un sacerdoce auquel il faut tout sacrifier, et Flaubert le reprochera à son cadet.

Maupassant sera donc un auteur réaliste, comme son maître et comme bien d'autres de ses contemporains : le réalisme*, en effet, domine la scène littéraire française depuis les années 1860. Malgré l'influence de ce courant majeur, Maupassant sera réaliste d'abord et avant tout parce que ce type d'écriture correspond à son tempérament et à sa perception de la littérature.

L'impressionnisme a sans doute également influencé Maupassant, même si celui-ci n'était pas féru de peinture. Ce mouvement, soutenu par les écrivains réalistes et par Zola lui-même, était encore très discuté dans les années les plus fécondes de Maupassant. Moqué ou dénigré par certains critiques, il a été considéré comme une véritable révolution du regard, où paysages, objets et visages étaient rendus par petites touches, par une fragmentation des couleurs, des tons et des formes. Les impressionnistes s'intéressaient beaucoup aux scènes de la vie quotidienne croquées sur le vif, de même qu'aux gens ordinaires.

Or, on sait que Maupassant a excellé dans les descriptions brèves de lieux et de paysages : on en a de bons exemples dans les scènes* inaugurales de *Coco* et du *Baptême*, notamment. De même, il a su esquisser en quelques mots le portrait* physique ou moral de nombreux personnages, comme celui de Mme Lefèvre dans *Pierrot*, du couple de paysans dans *Le vieux* ou encore des petits-bourgeois dans *L'épreuve*. Comme Maupassant l'a écrit lui-même en 1887, dans un texte qui sert d'avant-propos à son roman *Pierre et Jean*, l'écrivain réaliste ne doit retenir « que les détails caractéristiques utiles à son sujet[1] ».

Par ailleurs, même si, au cours de sa vie, Maupassant a côtoyé des intellectuels et des gens fortunés, ses récits brefs ne mettent en scène, pour la plupart, que des gens de petite condition : paysans, comme dans *Coco*, *Le vieux* ou *Le baptême*, petits employés, comme les Loisel de *La parure*, modestes commerçants, comme les héros malheureux de *Deux amis*.

Maupassant a très certainement subi une autre influence. Il s'agit de celle de l'écrivain russe Ivan Tourgueniev, un de ses aînés qui, comme Zola et Flaubert, fut également un ami. Lorsque Tourgueniev s'installe en France en 1870 — il y mourra en 1883 —, on connaît déjà son œuvre, empreinte de pessimisme, dans laquelle il décrit notamment la mesquinerie de la bourgeoisie provinciale russe de même que les conditions de vie abjectes des paysans.

NATURALISTE, MAUPASSANT ?

On a souvent classé Maupassant parmi les naturalistes, sans doute à cause de sa participation au recueil des *Soirées de Médan* et de son amitié pour Émile Zola. Comme ce dernier, il a le souci du

---

1. Guy de Maupassant, *Pierre et Jean*, coll. « Folio classique », Paris, Gallimard, 1982, p. 45 à 60.

détail qui fait vrai, au risque de choquer le lecteur, en décrivant, par exemple, ce terrible avortement à la fin de *L'enfant* de 1883. De plus, comme il l'écrit dans la préface de son roman *Pierre et Jean*, les écrivains «cherchent l'action ou le geste [qu'un] état d'âme doit faire accomplir fatalement à [un] homme dans une situation donnée». Il croit donc, comme les naturalistes, à l'influence déterminante du milieu et des circonstances sur le comportement. On en a des exemples frappants dans *Coco*, *L'enfant* de 1883 ou *La mère Sauvage*, entre autres.

Toutefois, contrairement à Zola, Maupassant ne vise pas l'objectivité scientifique, appuyée sur une importante documentation. De toute manière, il y a, selon lui, une part inévitable de subjectivité dans toute écriture, si impersonnelle qu'elle se veuille. En fin de compte, ajoute-t-il, «c'est donc toujours nous que nous montrons dans le corps d'un roi, d'un assassin [et] l'adresse consiste à ne pas laisser reconnaître ce moi par le lecteur sous tous ces masques». Il va même jusqu'à laisser entendre que les auteurs réalistes ne seraient que d'habiles illusionnistes: «[F]aire vrai consiste donc à donner l'illusion complète du vrai, [à] reproduire fidèlement cette illusion[1].»

Par ailleurs, Maupassant, étant foncièrement pessimiste, ne croyait pas que l'éducation et la science pouvaient forcément contribuer au progrès de l'humanité. Réfractaire à toute forme d'engagement officiel, il ne pouvait pas voir dans la littérature une arme au service d'une cause, comme elle l'était pour Zola, même si on peut deviner dans certains de ses récits une sympathie véritable à l'égard des humbles et des opprimés.

LE CONTEXTE DES RÉCITS

On a dit de Maupassant qu'il n'écrivait que sur ce qu'il avait luimême observé ou dont il avait entendu parler, tout en évitant de se livrer à des confidences sur sa vie intime. Quoi qu'il en soit, sa Normandie natale, à laquelle il était très attaché, occupe une place privilégiée dans son œuvre.

---

1. *Ibid.*

On ne peut cependant pas dire qu'elle soit le véritable sujet ou thème* de l'un ou l'autre de ses récits. Elle sert plutôt de décor, tels le Cormeil de *La folle* ou le Virelogne de *La mère Sauvage*. Ou, pour employer un terme cher aux naturalistes, elle est le milieu dans lequel évoluent des personnages et qui explique parfois leur comportement. Ainsi, la vie rude de la campagne n'est probablement pas étrangère à l'insensibilité des paysans devant la mort d'un proche, comme dans *Le vieux*, de même que la mesquinerie de Mme Lefèvre dans *Pierrot* ou la cruauté de Zidore à l'égard de son cheval dans *Coco*, ou la bonne humeur plutôt grossière des convives dans *Pierrot*.

Quant à la guerre, aussi évoquée dans les récits, on ne peut pas dire non plus qu'elle en soit un des thèmes. Elle joue plutôt le rôle d'une circonstance particulière — l'équivalent temporel de la Normandie pour l'espace — où se révèlent l'insensibilité des soldats dans *Deux amis* et *La folle*, ou leurs fanfaronnades dans *L'aventure de Walter Schnaffs*.

Étretat (Seine-Maritime). La plage et les falaises d'aval, vers 1890-1900.

LES THÈMES*

Les thèmes proprement dits, relativement nombreux dans les récits brefs de Maupassant, témoignent de l'imaginaire riche et inventif de l'auteur tout en reflétant son pessimisme foncier. En voici trois qui ressortent particulièrement dans les textes que nous avons choisis.

La folie

La folie — le mot lui-même ainsi que ses dérivés : *affolement*, *follement*, etc. — se décline sur tous les registres. Elle peut être liée au remords ou au chagrin, dans *L'enfant* de 1882, au désir amoureux du narrateur, dans *Fou ?*, ou de l'amant impatient, dans *Le mal d'André*, ou tout simplement à la pingrerie de Mme Lefèvre, dans *Pierrot*, qui trouve « follement exagéré » le montant qu'on lui réclame pour la débarrasser de son chien, ou encore à l'énervement de Mme Loisel, dans *La parure*, qui est « affolée » après avoir perdu un bijou emprunté.

Parfois, la folie est entendue au sens clinique du terme, comme dans *La folle*, *L'enfant* de 1883 ou *Lui ?*. Ailleurs, ce sera une folie plus douce ou nettement métaphorique : celle du personnage éponyme de *L'aventure de Walter Schnaffs*, tour à tour fou de joie et de peur ; ou celle attribuée à certaines femmes, ces « folles créatures », de *L'épreuve*.

La peur

Presque aussi fréquente que la folie et souvent liée à celle-ci, la peur peut aller jusqu'à l'épouvante sans pour autant avoir de cause précise, comme pour le narrateur de *Sur l'eau*. Elle sera bêtement provoquée par la perspective d'une simple dépense, dans *Le vieux* et dans *Pierrot*, ou encore elle deviendra son propre objet, par un singulier effet de miroir, comme cette « peur de la peur » du narrateur de *Lui ?*.

Le double

Le phénomène du dédoublement de la personnalité, dont il croyait souffrir lui-même, a beaucoup préoccupé Maupassant. Ce thème sera au centre de la célèbre nouvelle *Le Horla*. Parmi les récits du présent recueil, on le retrouve dans « le moi brave et le moi poltron » dans *Sur l'eau*, dans le « moi défiant », « jaloux », « méchant » que le narrateur croit porter en lui dans *L'épreuve*, ou dans cet autre, cette étrange « présence », cet « ami » qui pourtant fait peur dans *Lui* ?.

L'ÉCRITURE DE MAUPASSANT

La langue

De nombreux commentateurs, et parmi les plus attentifs, ont insisté sur la simplicité du vocabulaire utilisé par Maupassant. C'est comme si l'auteur s'en était toujours tenu, dans son œuvre, à un nombre limité de mots, comparable en somme à celui qu'un locuteur moyen emploierait dans la vie de tous les jours. Or, des études statistiques démontrent tout autre chose[1].

D'où viendrait alors cette impression d'une sorte d'économie lexicale ? D'une part, Maupassant a employé peu de mots rares ou de termes techniques, si bien qu'on n'a pas remarqué la richesse de son vocabulaire. D'autre part, on retrouve dans ses textes une unité dans le registre du langage, et notamment un équilibre dans la répartition des noms, des verbes et des adjectifs, une véritable harmonie lexicale à peine perceptible à la lecture, tant les mots sont en heureuse alliance. Conclusion : ce ne sont ni un écart par rapport à une moyenne d'utilisation d'une certaine classe de mots ni un lexique particulièrement riche qui caractérisent la langue de l'auteur, mais plutôt la justesse de son vocabulaire.

Le style

Efficaces et discrets, les effets de style ne sautent pas non plus aux yeux. Toutefois, si on s'en donne la peine, on peut observer de quelle façon Maupassant manie la syntaxe ou certaines figures, notamment dans ses descriptions. Ainsi, les figures les plus courantes — métaphores* et comparaisons* — contribuent à éclairer, en quelque sorte, les éléments décrits : décors, climats, personnages, visages, etc. Les associations y paraissent naturelles car, la plupart du temps, les termes comparés sont de nature assez semblable. Leur pouvoir d'évocation est pertinent.

---

1. Sur l'écriture et la richesse lexicale de Maupassant, voir le site suivant : http://maupassant.free.fr/cadre.php?page=voc.

Par exemple, dans *Le baptême*, les pommiers sont comparés à de gros bouquets dont les fleurs répandent leurs pétales comme une neige. Les pissenlits et les coquelicots ne sont décrits que par leur couleur, les premiers étant comparés au feu, et les seconds au sang : « Le soleil de mai versait sa claire lumière sur les pommiers épanouis, ronds comme d'immenses bouquets blancs, roses et parfumés, et qui mettaient sur la cour entière un toit de fleurs. Ils semaient sans cesse autour d'eux une neige de pétales menus, qui voltigeaient et tournoyaient en tombant dans l'herbe haute, où les pissenlits brillaient comme des flammes, où les coquelicots semblaient des gouttes de sang. »

Dans *Deux amis*, la description du coucher de soleil se développe à l'aide de verbes qui renforcent la dynamique du tableau* changeant, où la lumière du soleil colore d'une même palette de tons ce qu'elle éclaire : « À l'automne, vers la fin du jour, quand le ciel, ensanglanté par le soleil couchant, jetait dans l'eau des figures de nuages écarlates, empourprait le fleuve entier, enflammait l'horizon, faisait rouges comme du feu les deux amis, et dorait les arbres roussis déjà, frémissants d'un frisson d'hiver, M. Sauvage regardait en souriant Morissot et prononçait : "Quel spectacle !" »

Enfin, dans *Pierrot*, le portrait du chien, amorcé par l'adjectif *étrange*, devient un collage où les parties du corps de la bête tiennent du renard et du crocodile. Tout en restant dans le domaine animalier, la comparaison, à la fois surprenante et amusante, se met au service du ridicule des personnages : « Or, le boulanger, qui savait les événements, apporta, un matin, dans sa voiture, un étrange petit animal tout jaune, presque sans pattes, avec un corps de crocodile, une tête de renard et une queue en trompette, un vrai panache, grand comme tout le reste de sa personne. Un client cherchait à s'en défaire. Mme Lefèvre trouva fort beau ce roquet immonde, qui ne coûtait rien. »

Dans les deux premiers exemples, on voit que Maupassant, quand il s'agit d'allier des vocables, est un artiste attentif comme peut l'être un peintre à l'harmonie des couleurs. Dans les analogies, les mots apparaissent spontanément rapprochés : par exemple, le rouge sang des coquelicots et le jaune flamme des pissenlits, dans *Le baptême*, sont des associations évidentes, ce qui explique qu'on n'y perçoit pas d'originalité à première vue. Les éléments de comparaison sont nettement circonscrits : ils permettent au récit de gagner en clarté et à la narration de progresser. La description du chien dans *Pierrot*, par exemple, permet de saisir en très peu de mots l'étrangeté de l'animal, mais aussi de suggérer le mauvais goût et l'hypocrisie de sa maîtresse.

La syntaxe utilisée par Maupassant est, elle aussi, soumise au rythme de l'écriture, notamment dans la construction des énumérations* où la répétition* de structures de phrases parallèles ne crée pas pour autant d'effet mécanique : « Les humbles, ceux qui paient le plus parce qu'ils sont pauvres et que toute charge nouvelle les accable, ceux qu'on tue par masses, qui forment la vraie chair à canon, parce qu'ils sont le nombre, ceux qui souffrent enfin le plus cruellement des atroces misères de la guerre, parce qu'ils sont les plus faibles et les moins résistants, ne comprennent guère ces ardeurs belliqueuses, ce point d'honneur excitable et ces prétendues combinaisons politiques qui épuisent en six mois deux nations, la victorieuse comme la vaincue. » (*Deux amis*) Ici, la répétition de « ceux qui », « parce que », qui tient de l'anaphore*, est déjouée par une alternance de tournures qui donne de la vivacité rythmique à la phrase. Ce parallélisme* maintient la cohésion de la phrase et en assure la progression. À la fin, elle se développe encore par la juxtaposition des trois compléments[1]. On remarquera que, dans la première partie du passage, deux subordonnées sont coordonnées alors qu'il n'y en a qu'une seule dans la deuxième partie.

Si la structure des récits de Maupassant n'est pas particulièrement novatrice, elle se révèle tout de même assez complexe. On y retrouve des enchâssements[2], dont certains sont ouverts, et une organisation spatiale ou temporelle — comme les retours

---

1. Voir l'analyse de *Coco*, à la page 168, où la description de la ferme est structurée en constructions parallèles.

2. Il y a enchâssement dans *Sur l'eau*, *La folle*, *La mère Sauvage* et *L'enfant* de 1883.

en arrière et les projections dans l'avenir, comme dans *La folle* et *Adieu*, qui n'entravent jamais la lisibilité du texte.

On peut donc dire que tout paraît aller de soi chez Maupassant : son lexique, sa syntaxe, son écriture, la structure de ses récits. Or, c'est précisément ce qu'il visait : un naturel apparent, une impression de simplicité dans la forme et dans le contenu, « le groupement adroit de petits faits constants d'où se dégagera le sens définitif de l'œuvre[1] », toutes choses qui rendent ses textes agréables à lire en dissimulant la part d'artifice — de travail — qui s'y trouve pourtant.

CONTES, NOUVELLES OU HISTORIETTES

Maupassant avait des vues assez précises sur la littérature — sur le roman, en particulier —, qu'il a formulées dans ses chroniques et dans l'essai qui figure en tête de son roman *Pierre et Jean*. Il a d'abord été un praticien de la littérature, et les distinctions de genres littéraires l'intéressaient assez peu. Rien d'étonnant, donc, à ce que les récits brefs qu'il a soumis avec une belle constance aux journaux pendant plus de dix ans, il les ait appelés indifféremment des contes, des nouvelles, voire des historiettes. Et il les réunissait en volumes sans se soucier de leurs différences de facture.

Le choix de textes qui suit respecte cette mixité voulue par l'auteur lui-même. Certains, comme *La folle*, *Lui ?* ou *Adieu*, comportent plusieurs caractéristiques du conte alors que les autres s'apparentent davantage à la nouvelle.

LE CHOIX DES TEXTES ET LES ÉDITIONS DE RÉFÉRENCE

Les nombreuses rééditions en recueils des contes et nouvelles de Maupassant sont de deux types. Soit elles reprennent, tels quels, les regroupements de textes que l'auteur lui-même faisait périodiquement avant de les publier en volumes ; soit il s'agit de récits choisis dans l'ensemble de sa production et qui ont un

---

1. Guy de Maupassant, *op. cit.*

contexte commun (la vie de province, Paris, la Normandie), un même thème (la guerre, l'amour), ou une même caractéristique générale (la grivoiserie, la sensualité, le fantastique, etc.).

Sans prétendre à l'originalité, nous avons procédé un peu différemment. Sans qu'il soit tenu compte de leurs classements antérieurs, la vingtaine de contes et nouvelles qui suivent ont été choisis parmi les quelque trois cents récits brefs de Maupassant, selon deux critères principaux : leur qualité d'ensemble, c'est-à-dire celle de leur écriture et de leur composition, de même que la diversité de leurs sujets, de leurs thèmes et des tonalités*. À propos de ces dernières, on remarquera notamment le lyrisme* dans *Le baptême* ou *Sur l'eau*, le tragique dans *L'enfant* de 1883 ou *La folle*, l'ironie* dans *L'épreuve*, le comique dans *Pierrot* ou le burlesque dans *Le cas de Mme Luneau*.

On aura ainsi, en lisant les récits retenus, un aperçu significatif du talent d'écrivain de Maupassant, de la richesse de son imaginaire et de la variété des registres sur lesquels il a su jouer. On pourra également constater que les sujets et les thèmes qu'il aborde sont toujours d'actualité : la guerre, le désir amoureux, la vie de couple, la jalousie, la vengeance, la folie, la peur, etc.

Il en est de même pour l'ordre de présentation des textes. Ni thématique ni chronologique, il reflète plutôt la richesse de l'œuvre de Maupassant et offre, nous l'espérons, une lecture agréable.

Pour l'établissement des textes, nous nous sommes servis, comme référence, de la plus ancienne édition à notre disposition, soit celle des œuvres complètes de l'éditeur Conard, parue de 1921 à 1930. Nous avons cependant confronté cette édition à celles de l'ensemble des contes et nouvelles parues chez Gallimard — dans la collection « Bibliothèque de la Pléiade » —, Robert Laffont et Albin Michel. Au besoin, nous avons supprimé les coquilles évidentes et parfois rétabli la ponctuation quand elle était fautive ou fantaisiste.

PREMIÈRE PARTIE

Coco, La folle
et autres récits brefs

Sur l'eau

J'avais loué, l'été dernier, une petite maison de campagne au bord de la Seine, à plusieurs lieues de Paris, et j'allais y coucher tous les soirs. Je fis, au bout de quelques jours, la connaissance d'un de mes voisins, un homme de trente à quarante
5   ans, qui était bien le type le plus curieux que j'eusse jamais vu. C'était un vieux canotier, mais un canotier enragé, toujours près de l'eau, toujours sur l'eau, toujours dans l'eau. Il devait être né dans un canot, et il mourra bien certainement dans le canotage final.

10   Un soir que nous nous promenions au bord de la Seine, je lui demandai de me raconter quelques anecdotes de sa vie nautique. Voilà immédiatement mon bonhomme qui s'anime, se transfigure, devient éloquent, presque poète. Il avait dans le cœur une grande passion, une passion dévorante, irrésis-
15   tible : la rivière.

*

Ah ! me dit-il, combien j'ai de souvenirs sur cette rivière que vous voyez couler là près de nous ! Vous autres, habitants des rues, vous ne savez pas ce qu'est la rivière. Mais écoutez un pêcheur prononcer ce mot. Pour lui, c'est la chose mystérieuse,
20   profonde, inconnue, le pays des mirages et des fantasmagories, où l'on voit, la nuit, des choses qui ne sont pas, où l'on entend des bruits que l'on ne connaît point, où l'on tremble sans savoir pourquoi, comme en traversant un cimetière : et c'est en effet le plus sinistre des cimetières, celui où l'on n'a
25   point de tombeau.

La terre est bornée pour le pêcheur, et dans l'ombre, quand il n'y a pas de lune, la rivière est illimitée. Un marin n'éprouve point la même chose pour la mer. Elle est souvent dure et méchante, c'est vrai, mais elle crie, elle hurle, elle est
30   loyale, la grande mer ; tandis que la rivière est silencieuse et perfide. Elle ne gronde pas, elle coule toujours sans bruit,

et ce mouvement éternel de l'eau qui coule est plus effrayant pour moi que les hautes vagues de l'Océan.

35 Des rêveurs prétendent que la mer cache dans son sein d'immenses pays bleuâtres, où les noyés roulent parmi les grands poissons, au milieu d'étranges forêts et dans des grottes de cristal. La rivière n'a que des profondeurs noires où l'on pourrit dans la vase. Elle est belle pourtant quand elle brille au soleil levant et qu'elle clapote doucement entre ses berges 40 couvertes de roseaux qui murmurent.

Le poète a dit en parlant de l'Océan :

> *Ô flots, que vous savez de lugubres histoires !*
> *Flots profonds, redoutés des mères à genoux,*
> *Vous vous les racontez en montant les marées*
45 > *Et c'est ce qui vous fait ces voix désespérées*
> *Que vous avez, le soir, quand vous venez vers nous*[1].

Eh bien, je crois que les histoires chuchotées par les roseaux minces avec leurs petites voix si douces doivent être encore plus sinistres que les drames lugubres racontés par les hur-
50 lements des vagues.

Mais puisque vous me demandez quelques-uns de mes souvenirs, je vais vous dire une singulière aventure qui m'est arrivée ici, il y a une dizaine d'années.

J'habitais, comme aujourd'hui, la maison de la mère
55 Lafon, et un de mes meilleurs camarades, Louis Bernet, qui a maintenant renoncé au canotage, à ses pompes[2] et à son débraillé pour entrer au Conseil d'État[3], était installé au village

---

1. Il s'agit de vers d'*Oceano nox* de Victor Hugo, poème qui fait partie du recueil *Les rayons et les ombres*.

2. *pompes* : ce terme évoque ici le sens religieux des mots *faux prestiges, vanités de ce monde*, comme dans la formule du baptême traditionnel : « Je renonce à Satan, à ses œuvres et à ses pompes ». Le contexte indique cependant un recul ironique : le canotage a été, pour le personnage, une passion, comme pour l'auteur.

3. *Conseil d'État* : « III. [...] grand corps de l'État consulté pour avis avant présentation des projets de lois au Parlement et avant publication des règlements d'administration publique, qui exerce la juridiction suprême du contentieux administratif. » (*Le Petit Robert 1*) Un conseiller d'État occupe donc un poste prestigieux.

de C…, deux lieues plus bas. Nous dînions tous les jours ensemble, tantôt chez lui, tantôt chez moi.

60   Un soir, comme je revenais tout seul et assez fatigué, traînant péniblement mon gros bateau, un *océan*[1] de douze pieds, dont je me servais toujours la nuit, je m'arrêtai quelques secondes pour reprendre haleine auprès de la pointe des roseaux, là-bas, deux cents mètres environ avant le pont du chemin
65   de fer. Il faisait un temps magnifique ; la lune resplendissait, le fleuve brillait, l'air était calme et doux. Cette tranquillité me tenta ; je me dis qu'il ferait bien bon fumer une pipe en cet endroit. L'action suivit la pensée ; je saisis mon ancre et la jetai dans la rivière.

70   Le canot, qui redescendait avec le courant, fila sa chaîne jusqu'au bout, puis s'arrêta ; et je m'assis à l'arrière sur ma peau de mouton, aussi commodément qu'il me fut possible. On n'entendait rien, rien : parfois seulement, je croyais saisir un petit clapotement presque insensible de l'eau contre la rive,
75   et j'apercevais des groupes de roseaux plus élevés qui prenaient des figures surprenantes et semblaient par moments s'agiter.

Le fleuve était parfaitement tranquille, mais je me sentis ému par le silence extraordinaire qui m'entourait. Toutes les bêtes, grenouilles et crapauds, ces chanteurs nocturnes des maré-
80   cages, se taisaient. Soudain, à ma droite, contre moi, une grenouille coassa. Je tressaillis : elle se tut ; je n'entendis plus rien, et je résolus de fumer un peu pour me distraire. Cependant, quoique je fusse un culotteur de pipes[2] renommé, je ne pus pas ; dès la seconde bouffée, le cœur me tourna et je cessai.
85   Je me mis à chantonner ; le son de ma voix m'était pénible ; alors, je m'étendis au fond du bateau et je regardai le ciel. Pendant quelque temps, je demeurai tranquille, mais bientôt les légers mouvements de la barque m'inquiétèrent. Il me

---

1. océan : embarcation à rames avec dériveur.
2. *culotteur de pipes* : personne qui, à force de fumer la pipe, laisse un dépôt noir se former dans le fourneau.

sembla qu'elle faisait des embardées gigantesques, touchant
90 tour à tour les deux berges du fleuve ; puis je crus qu'un être
ou qu'une force invisible l'attirait doucement au fond de l'eau
et la soulevait ensuite pour la laisser retomber. J'étais ballotté
comme au milieu d'une tempête ; j'entendis des bruits autour
de moi ; je me dressai d'un bond : l'eau brillait, tout était calme.
95 Je compris que j'avais les nerfs un peu ébranlés et je résolus de m'en aller. Je tirai sur ma chaîne ; le canot se mit en
mouvement, puis je sentis une résistance, je tirai plus fort,
l'ancre ne vint pas ; elle avait accroché quelque chose au fond
de l'eau et je ne pouvais la soulever ; je recommençai à tirer,
100 mais inutilement. Alors, avec mes avirons, je fis tourner mon
bateau et je le portai en amont pour changer la position de
l'ancre. Ce fut en vain, elle tenait toujours ; je fus pris de
colère et je secouai la chaîne rageusement. Rien ne remua. Je
m'assis découragé et je me mis à réfléchir sur ma position. Je
105 ne pouvais songer à casser cette chaîne ni à la séparer de l'embarcation, car elle était énorme et rivée à l'avant dans un morceau de bois plus gros que mon bras ; mais comme le temps
demeurait fort beau, je pensai que je ne tarderais point, sans
doute, à rencontrer quelque pêcheur qui viendrait à mon
110 secours. Ma mésaventure m'avait calmé ; je m'assis et je pus
enfin fumer ma pipe. Je possédais une bouteille de rhum, j'en
bus deux ou trois verres, et ma situation me fit rire. Il faisait
très chaud, de sorte qu'à la rigueur je pouvais, sans grand mal,
passer la nuit à la belle étoile.
115 Soudain, un petit coup sonna contre mon bordage. Je fis
un soubresaut, et une sueur froide me glaça des pieds à la tête.
Ce bruit venait sans doute de quelque bout de bois entraîné
par le courant, mais cela avait suffi et je me sentis envahi de
nouveau par une étrange agitation nerveuse. Je saisis ma
120 chaîne et je me raidis dans un effort désespéré. L'ancre tint
bon. Je me rassis épuisé.
Cependant, la rivière s'était peu à peu couverte d'un
brouillard blanc très épais qui rampait sur l'eau fort bas, de

sorte que, en me dressant debout, je ne voyais plus le fleuve,
125 ni mes pieds, ni mon bateau, mais j'apercevais seulement les
pointes des roseaux, puis, plus loin, la plaine toute pâle de
la lumière de la lune, avec de grandes taches noires qui montaient dans le ciel, formées par des groupes de peupliers
d'Italie. J'étais comme enseveli jusqu'à la ceinture dans une
130 nappe de coton d'une blancheur singulière, et il me venait des
imaginations fantastiques. Je me figurais qu'on essayait de
monter dans ma barque que je ne pouvais plus distinguer, et
que la rivière, cachée par ce brouillard opaque, devait être
pleine d'être étranges qui nageaient autour de moi. J'éprouvais
135 un malaise horrible, j'avais les tempes serrées, mon cœur battait à m'étouffer ; et, perdant la tête, je pensai à me sauver à
la nage ; puis aussitôt cette idée me fit frissonner d'épouvante.
Je me vis, perdu, allant à l'aventure dans cette brume
épaisse, me débattant au milieu des herbes et des roseaux que
140 je ne pourrais éviter, râlant de peur, ne voyant pas la berge,
ne retrouvant plus mon bateau, et il me semblait que je me
sentirais tiré par les pieds tout au fond de cette eau noire.

En effet, comme il m'eût fallu remonter le courant au moins
pendant cinq cents mètres avant de trouver un point libre
145 d'herbes et de joncs où je pusse prendre pied, il y avait pour
moi neuf chances sur dix de ne pouvoir me diriger dans ce
brouillard et de me noyer, quelque bon nageur que je fusse.

J'essayai de me raisonner. Je me sentais la volonté bien ferme
de ne point avoir peur, mais il y avait en moi autre chose que
150 ma volonté, et cette autre chose avait peur. Je me demandai
ce que je pouvais redouter ; mon *moi* brave railla mon *moi* poltron, et jamais aussi bien que ce jour-là je ne saisis l'opposition des deux êtres qui sont en nous, l'un voulant, l'autre ré-
sistant, et chacun l'emportant tour à tour.

155 Cet effroi bête et inexplicable grandissait toujours et devenait de la terreur. Je demeurais immobile, les yeux ouverts,
l'oreille tendue et attendant. Quoi ? Je n'en savais rien, mais
ce devait être terrible. Je crois que si un poisson se fût avisé

de sauter hors de l'eau, comme cela arrive souvent, il n'en
aurait pas fallu davantage pour me faire tomber raide, sans
connaissance.

Cependant, par un effort violent, je finis par ressaisir à peu
près ma raison qui m'échappait. Je pris de nouveau ma bouteille de rhum et je bus à grands traits. Alors une idée me vint
et je me mis à crier de toutes mes forces en me tournant
successivement vers les quatre points de l'horizon. Lorsque
mon gosier fut absolument paralysé, j'écoutai. — Un chien
hurlait, très loin.

Je bus encore et je m'étendis tout de mon long au fond du
bateau. Je restai ainsi peut-être une heure, peut-être deux, sans
dormir, les yeux ouverts, avec des cauchemars autour de moi.
Je n'osais pas me lever et pourtant je le désirais violemment ;
je remettais de minute en minute[1]. Je me disais : « Allons, debout ! » et j'avais peur de faire un mouvement. À la fin, je me
soulevai avec des précautions infinies, comme si ma vie eût
dépendu du moindre bruit que j'aurais fait, et je regardai par-
dessus le bord.

Je fus ébloui par le plus merveilleux, le plus étonnant spectacle qu'il soit possible de voir. C'était une de ces fantasmagories du pays des fées, une de ces visions racontées par les
voyageurs qui reviennent de très loin et que nous écoutons
sans les croire.

Le brouillard qui, deux heures auparavant, flottait sur l'eau,
s'était peu à peu retiré et ramassé sur les rives. Laissant le fleuve
absolument libre, il avait formé sur chaque berge une colline
ininterrompue, haute de six ou sept mètres, qui brillait sous
la lune avec l'éclat superbe des neiges. De sorte qu'on ne voyait
rien autre chose que cette rivière lamée de feu entre ces deux
montagnes blanches ; et là-haut, sur ma tête, s'étalait, pleine
et large, une grande lune illuminante au milieu d'un ciel
bleuâtre et laiteux.

---

1. *je remettais de minute en minute* : emploi intransitif du verbe *remettre*. L'expression
veut dire « je reportais de minute en minute la décision de me lever ».

Toutes les bêtes de l'eau s'étaient réveillées; les grenouilles coassaient furieusement, tandis que, d'instant en instant, tantôt à droite, tantôt à gauche, j'entendais cette note
195 courte, monotone et triste, que jette aux étoiles la voix cui-
vrée des crapauds. Chose étrange, je n'avais plus peur; j'étais
au milieu d'un paysage tellement extraordinaire que les sin-
gularités les plus fortes n'eussent pu m'étonner.

Combien de temps cela dura-t-il, je n'en sais rien, car j'avais
200 fini par m'assoupir. Quand je rouvris les yeux, la lune était
couchée, le ciel plein de nuages. L'eau clapotait lugubrement,
le vent soufflait, il faisait froid, l'obscurité était profonde.

Je bus ce qui me restait de rhum, puis j'écoutai en grelot-
tant le froissement des roseaux et le bruit sinistre de la rivière.
205 Je cherchai à voir, mais je ne pus distinguer mon bateau, ni
mes mains elles-mêmes, que j'approchais de mes yeux.

Peu à peu, cependant, l'épaisseur du noir diminua.
Soudain je crus sentir qu'une ombre glissait tout près de moi;
je poussai un cri, une voix répondit; c'était un pêcheur. Je l'ap-
210 pelai, il s'approcha et je lui racontai ma mésaventure. Il mit
alors son bateau bord à bord avec le mien, et tous les deux
nous tirâmes sur la chaîne. L'ancre ne remua pas. Le jour venait, sombre, gris, pluvieux, glacial, une de ces journées qui
vous apportent des tristesses et des malheurs. J'aperçus une
215 autre barque, nous la hélâmes. L'homme qui la montait unit
ses efforts aux nôtres; alors, peu à peu, l'ancre céda. Elle montait, mais doucement, doucement, et chargée d'un poids considérable. Enfin nous aperçûmes une masse noire, et nous la
tirâmes à mon bord:
220 C'était le cadavre d'une vieille femme qui avait une grosse
pierre au cou.

Paru dans *Le Bulletin français* le 10 mars 1876,
sous le titre *En canot*, devenu *Sur l'eau*
dans le recueil *La maison Tellier* en 1881.

L'enfant[1] (1882)

Après avoir longtemps juré qu'il ne se marierait jamais, Jacques Bourdillère avait soudain changé d'avis. Cela était arrivé brusquement, un été, aux bains de mer.

Un matin, comme il était étendu sur le sable, tout occupé
5 à regarder les femmes sortir de l'eau, un petit pied l'avait frappé par sa gentillesse et sa mignardise. Ayant levé les yeux plus haut, toute la personne le séduisit. De toute cette personne, il ne voyait d'ailleurs que les chevilles et la tête émergeant d'un peignoir de flanelle blanche, clos avec soin. On le disait sen-
10 suel et viveur. C'est donc par la seule grâce de la forme qu'il fut capté d'abord ; puis il fut retenu par le charme d'un doux esprit de jeune fille, simple et bon, frais comme les joues et les lèvres.

Présenté à la famille, il plut et il devint bientôt fou d'amour.
15 Quand il apercevait Berthe Lannis de loin, sur la longue plage de sable jaune, il frémissait jusqu'aux cheveux. Près d'elle, il devenait muet, incapable de rien dire et même de penser, avec une espèce de bouillonnement dans le cœur, de bourdonnement dans l'oreille, d'effarement dans l'esprit. Était-ce donc
20 de l'amour, cela ?

Il ne le savait pas, n'y comprenait rien, mais demeurait, en tout cas, bien décidé à faire sa femme de cette enfant.

Les parents hésitèrent longtemps, retenus par la mauvaise réputation du jeune homme. Il avait une maîtresse, disait-on,
25 *une vieille maîtresse*[2], une ancienne et forte liaison, une de ces chaînes qu'on croit rompues et qui tiennent toujours.

---

1. *L'enfant* : Maupassant a publié, le 18 septembre 1883, un autre conte sous ce titre, reproduit plus loin, à la page 129.

2. une vieille maîtresse : les italiques indiquent une allusion – et peut-être un coup de chapeau ? – à un roman de Barbey d'Aurevilly, *La vieille maîtresse*, qui avait fait scandale lors de sa parution en 1851.

Outre cela, il aimait, pendant des périodes plus ou moins longues, toutes les femmes qui passaient à portée de ses lèvres.

30   Alors il se rangea, sans consentir même à revoir une seule fois celle avec qui il avait vécu longtemps. Un ami régla la pension de cette femme, assura son existence. Jacques paya, mais ne voulut pas entendre parler d'elle, prétendant désormais ignorer jusqu'à son nom. Elle écrivit des lettres sans qu'il les ouvrît. Chaque semaine, il reconnaissait l'écriture maladroite

35   de l'abandonnée ; et, chaque semaine, une colère plus grande lui venait contre elle, et il déchirait brusquement l'enveloppe et le papier, sans ouvrir, sans lire une ligne, une seule ligne, sachant d'avance les reproches et les plaintes contenus là-dedans.

40   Comme on ne croyait guère à sa persévérance, on fit durer l'épreuve tout l'hiver, et c'est seulement au printemps que sa demande fut agréée.

Le mariage eut lieu à Paris dans les premiers jours de mai.

Il était décidé qu'ils ne feraient point le classique voyage

45   de noces. Après un petit bal, une sauterie de jeunes cousines qui ne se prolongerait point au-delà de onze heures, pour ne pas éterniser les fatigues de cette longue journée de cérémonies, les jeunes époux devaient passer leur première nuit commune dans la maison familiale, puis partir seuls, le len-

50   demain matin, pour la plage chère à leurs cœurs, où ils s'étaient connus et aimés.

La nuit était venue, on dansait dans le grand salon. Ils s'étaient retirés tous les deux dans un petit boudoir japonais[1], tendu de soies éclatantes, à peine éclairé, ce soir-là, par les

55   rayons alanguis d'une grosse lanterne de couleur, pendue au plafond comme un œuf énorme. La fenêtre entrouverte laissait entrer parfois des souffles frais du dehors, des caresses d'air

---

1. *boudoir japonais* : petit salon, décoré à la japonaise. Au XIXe siècle, l'orientalisme, c'est-à-dire le goût pour l'Orient et en particulier pour le Japon, était à la mode en France.

qui passaient sur les visages, car la soirée était tiède et calme, pleine d'odeurs de printemps.

60   Ils ne disaient rien ; ils se tenaient les mains en se les pressant parfois de toute leur force. Elle demeurait, les yeux vagues, un peu éperdue par ce grand changement dans sa vie, mais souriante, remuée, prête à pleurer, souvent prête aussi à défaillir de joie, croyant le monde entier changé par ce qui
65 lui arrivait, inquiète sans savoir de quoi, et sentant tout son corps, toute son âme envahis d'une indéfinissable et délicieuse lassitude.

Lui la regardait obstinément, souriant d'un sourire fixe. Il voulait parler, ne trouvait rien et restait là, mettant toute son
70 ardeur en des pressions de mains. De temps en temps, il murmurait : « Berthe ! » et chaque fois elle levait les yeux sur lui d'un mouvement doux et tendre ; ils se contemplaient une seconde, puis son regard à elle, pénétré et fasciné par son regard à lui, retombait.

75   Ils ne découvraient aucune pensée à échanger. On les laissait seuls ; mais, parfois, un couple de danseurs jetait sur eux, en passant, un coup d'œil furtif, comme s'il eût été témoin discret et confident d'un mystère.

Une porte de côté s'ouvrit, un domestique entra, tenant sur
80 un plateau une lettre pressée qu'un commissionnaire[1] venait d'apporter. Jacques prit en tremblant ce papier, saisi d'une peur vague et soudaine, la peur mystérieuse des brusques malheurs.

Il regarda longtemps l'enveloppe dont il ne connaissait point l'écriture, n'osant pas l'ouvrir, désirant follement ne pas lire,
85 ne pas savoir, mettre en poche cela, et se dire : « À demain. Demain, je serai loin, peu m'importe ! » Mais, sur un coin, deux grands mots soulignés : TRÈS URGENT, le retenaient et l'épouvantaient. Il demanda : « Vous permettez, mon amie ? », déchira la feuille collée et lut. Il lut le papier, pâlissant affreusement, le parcourut d'un coup et, lentement, sembla l'épeler.

---

1. *commissionnaire* : « 2. (1708) VIEILLI Personne qui fait une commission, une course pour qqn. » (*Le Petit Robert 1*)

Quand il releva la tête, toute sa face était bouleversée. Il balbutia : « Ma chère petite, c'est… c'est mon meilleur ami à qui il arrive un grand, un très grand malheur. Il a besoin de moi tout de suite… tout de suite… pour une affaire de vie ou de
95   mort. Me permettez-vous de m'absenter vingt minutes ? Je reviens aussitôt. »

Elle bégaya, tremblante, effarée : « Allez, mon ami ! » n'étant pas encore assez sa femme pour oser l'interroger, pour exiger savoir. Et il disparut. Elle resta seule, écoutant danser
100   dans le salon voisin.

Il avait pris un chapeau, le premier trouvé, un pardessus quelconque, et il descendit en courant l'escalier. Au moment de sauter dans la rue, il s'arrêta encore sous le bec de gaz[1] du vestibule et relut la lettre.

105   Voici ce qu'elle disait :

« Monsieur,

« Une fille Ravet, votre ancienne maîtresse, paraît-il, vient d'accoucher d'un enfant qu'elle prétend être à vous. La mère va mourir et implore votre visite. Je prends la liberté de vous
110   écrire et de vous demander si vous pouvez accorder ce dernier entretien à cette femme, qui semble être très malheureuse et digne de pitié.

« Votre serviteur,

« Dr Bonnard. »

115   Quand il pénétra dans la chambre de la mourante, elle agonisait déjà. Il ne la reconnut pas d'abord. Le médecin et deux gardes la soignaient, et partout à terre traînaient des seaux pleins de glace et des linges pleins de sang.

L'eau répandue inondait le parquet ; deux bougies brûlaient
120   sur un meuble ; derrière le lit, dans un petit berceau d'osier,

---

1. *bec de gaz* : lampe au gaz.

l'enfant criait, et, à chacun de ses vagissements, la mère, tor-turée, essayait un mouvement, grelottante sous les compresses gelées.

Elle saignait; elle saignait, blessée à mort, tuée par cette nais-
125 sance. Toute sa vie coulait; et, malgré la glace, malgré les soins, l'invincible hémorragie continuait, précipitait son heure dernière.

Elle reconnut Jacques et voulut lever les bras: elle ne put pas, tant ils étaient faibles, mais sur ses joues livides des larmes
130 commencèrent à glisser.

Il s'abattit à genoux près du lit, saisit une main pendante et la baisa frénétiquement; puis, peu à peu, il s'approcha tout près, tout près du maigre visage qui tressaillait à son contact. Une des gardes, debout, une bougie à la main, les éclairait,
135 et le médecin, s'étant reculé, regardait du fond de la chambre.

Alors d'une voix lointaine, en haletant, elle dit: «Je vais mourir, mon chéri; promets-moi de rester jusqu'à la fin. Oh! ne me quitte pas maintenant, ne me quitte pas au dernier moment!»
140 Il la baisait au front, dans ses cheveux, en sanglotant. Il mur-mura: «Sois tranquille, je vais rester.»

Elle fut quelques minutes avant de pouvoir parler encore, tant elle était oppressée et défaillante. Elle reprit: «C'est à toi, le petit. Je te le jure devant Dieu, je te le jure sur mon âme,
145 je te le jure au moment de mourir. Je n'ai pas aimé d'autre homme que toi… Promets-moi de ne pas l'abandonner.» Il essayait de prendre encore dans ses bras ce misérable corps déchiré, vidé de sang. Il balbutia, affolé de remords et de cha-grin: «Je te le jure, je l'élèverai et je l'aimerai. Il ne me quit-
150 tera pas.» Alors elle tenta d'embrasser Jacques. Impuissante à lever sa tête épuisée, elle tendait ses lèvres blanches dans un appel de baiser. Il approcha sa bouche pour cueillir cette lamentable et suppliante caresse.

Un peu calmée, elle murmura tout bas: «Apporte-le, que
155 je voie si tu l'aimes.»

Et il alla chercher l'enfant.

Il le posa doucement sur le lit, entre eux, et le petit être cessa de pleurer. Elle murmura : « Ne bouge plus ! » Et il ne remua plus. Il resta là, tenant en sa main brûlante cette main que
160 secouaient des frissons d'agonie, comme il avait tenu, tout à l'heure, une autre main que crispaient des frissons d'amour. De temps en temps, il regardait l'heure, d'un coup d'œil furtif, guettant l'aiguille qui passait minuit, puis une heure, puis deux heures.

165 Le médecin s'était retiré ; les deux gardes, après avoir rôdé quelque temps, d'un pas léger, par la chambre, sommeillaient maintenant sur des chaises. L'enfant dormait, et la mère, les yeux fermés, semblait se reposer aussi.

Tout à coup, comme le jour blafard filtrait entre les rideaux
170 croisés, elle tendit ses bras d'un mouvement si brusque et si violent qu'elle faillit jeter à terre son enfant. Une espèce de râle se glissa dans sa gorge ; puis elle demeura sur le dos, immobile, morte.

Les gardes accourues déclarèrent : « C'est fini. »

175 Il regarda une dernière fois cette femme qu'il avait aimée, puis la pendule qui marquait quatre heures, et s'enfuit oubliant son pardessus, en habit noir, avec l'enfant dans ses bras.

Après qu'il l'eût laissée seule, sa jeune femme avait attendu, assez calme d'abord, dans le petit boudoir japonais. Puis, ne
180 le voyant point reparaître, elle était rentrée dans le salon, d'un air indifférent et tranquille, mais inquiète horriblement. Sa mère, l'apercevant seule, avait demandé : « Où donc est ton mari ? » Elle avait répondu : « Dans sa chambre ; il va revenir. »

Au bout d'une heure, comme tout le monde l'interrogeait,
185 elle avoua la lettre et la figure bouleversée de Jacques, et ses craintes d'un malheur.

On attendit encore. Les invités partirent ; seuls, les parents les plus proches demeuraient. À minuit, on coucha la mariée toute secouée de sanglots. Sa mère et deux tantes, assises
190 autour du lit, l'écoutaient pleurer, muettes et désolées… Le

père était parti chez le commissaire de police pour chercher des renseignements.

À cinq heures, un bruit léger glissa dans le corridor ; une porte s'ouvrit et se ferma doucement ; puis soudain un petit cri pareil à un miaulement de chat courut dans la maison silencieuse.

Toutes les femmes furent debout d'un bond, et Berthe, la première, s'élança malgré sa mère et ses tantes, enveloppée de son peignoir de nuit.

Jacques, debout au milieu de la chambre, livide, haletant, tenait un enfant dans ses bras.

Les quatre femmes le regardèrent effarées ; mais Berthe, devenue soudain téméraire, le cœur crispé d'angoisse, courut à lui : « Qu'y a-t-il ? dites, qu'y a-t-il ? »

Il avait l'air fou ; il répondit d'une voix saccadée : « Il y a… il y a… que j'ai un enfant, et que la mère vient de mourir… » Et il présentait dans ses mains inhabiles le marmot hurlant.

Berthe, sans dire un mot, saisit l'enfant, l'embrassa, l'étreignant contre elle ; puis, relevant sur son mari ses yeux pleins de larmes : « La mère est morte, dites-vous ? » Il répondit : « Oui, tout de suite… dans mes bras… J'avais rompu depuis l'été… Je ne savais rien, moi… c'est le médecin qui m'a fait venir… »

Alors Berthe murmura : « Eh bien, nous l'élèverons, ce petit. »

Paru dans *Le Gaulois* le 24 juillet 1882.

Fou?

Suis-je fou? ou seulement jaloux? Je n'en sais rien, mais j'ai souffert horriblement. J'ai accompli un acte de folie, de folie furieuse, c'est vrai; mais la jalousie haletante, mais l'amour exalté, trahi, condamné, mais la douleur abominable que j'en-
5   dure, tout cela ne suffit-il pas pour nous faire commettre des crimes et des folies sans être vraiment criminel par le cœur ou par le cerveau?

Oh! j'ai souffert, souffert, souffert d'une façon continue, aiguë, épouvantable. J'ai aimé cette femme d'un élan fréné-
10   tique… Et cependant est-ce vrai? L'ai-je aimée? Non, non, non. Elle m'a possédé âme et corps, envahi, lié. J'ai été, je suis sa chose, son jouet. J'appartiens à son sourire, à sa bouche, à son regard, aux lignes de son corps, à la forme de son vi-sage; je halète sous la domination de son apparence extérieure;
15   mais Elle, la femme de tout cela, l'être de ce corps, je la hais, je la méprise, je l'exècre, je l'ai toujours haïe, méprisée, exécrée; car elle est perfide, bestiale, immonde, impure; elle est la *femme de perdition*[1], l'animal sensuel et faux chez qui l'âme n'est point, chez qui la pensée ne circule jamais
20   comme un air libre et vivifiant; elle est la bête humaine; moins que cela: elle n'est qu'un flanc, une merveille de chair douce et ronde qu'habite l'Infamie.

Les premiers temps de notre liaison furent étranges et dé-licieux. Entre ses bras toujours ouverts, je m'épuisais dans une
25   rage d'inassouvissable désir. Ses yeux, comme s'ils m'eussent donné soif, me faisaient ouvrir la bouche. Ils étaient gris à midi, teintés de vert à la tombée du jour, et bleus au soleil levant. Je ne suis pas fou: je jure qu'ils avaient ces trois couleurs.

---

1. femme de perdition: l'italique renforce ici l'obsession du narrateur à l'endroit de cette femme. On dirait aujourd'hui «femme fatale».

Aux heures d'amour ils étaient bleus, comme meurtris, avec
des pupilles énormes et nerveuses. Ses lèvres, remuées d'un
tremblement, laissaient jaillir parfois la pointe rose et
mouillée de sa langue, qui palpitait comme celle d'un reptile ;
et ses paupières lourdes se relevaient lentement, découvrant
ce regard ardent et anéanti qui m'affolait.

En l'étreignant dans mes bras je regardais son œil et je fré-
missais, secoué tout autant par le besoin de tuer cette bête que
par la nécessité de la posséder sans cesse.

Quand elle marchait à travers ma chambre, le bruit de chacun de ses pas faisait une commotion dans mon cœur ; et
quand elle commençait à se dévêtir, laissant tomber sa robe,
et sortant, infâme et radieuse, du linge qui s'écrasait autour
d'elle, je sentais tout le long de mes membres, le long des bras,
le long des jambes, dans ma poitrine essoufflée, une défaillance
infinie et lâche.

Un jour, je m'aperçus qu'elle était lasse de moi. Je le vis dans
son œil, au réveil. Penché sur elle, j'attendais chaque matin
ce premier regard. Je l'attendais plein de rage, de haine, de
mépris pour cette brute endormie dont j'étais l'esclave. Mais
quand le bleu pâle de sa prunelle, ce bleu liquide comme de
l'eau, se découvrait, encore languissant, encore fatigué, encore malade des récentes caresses, c'était comme une flamme
rapide qui me brûlait, exaspérant mes ardeurs. Ce jour-là,
quand s'ouvrit sa paupière, j'aperçus un regard indifférent et
morne qui ne désirait plus rien.

Oh ! je le vis, je le sus, je le sentis, je le compris tout de suite.
C'était fini, fini, pour toujours. Et j'en eus la preuve à chaque
heure, à chaque seconde.

Quand je l'appelais des bras et des lèvres, elle se retournait
ennuyée, murmurant : « Laissez-moi donc ! » ou bien : « Vous
êtes odieux ! » ou bien : « Ne serai-je jamais tranquille ! »

Alors, je fus jaloux, mais jaloux comme un chien, et rusé,
défiant, dissimulé. Je savais bien qu'elle recommencerait bientôt, qu'un autre viendrait pour rallumer ses sens.

Je fus jaloux avec frénésie ; mais je ne suis pas fou ; non,
65   certes, non.

J'attendis ; oh ! j'épiais ; elle ne m'aurait pas trompé ; mais
elle restait froide, endormie. Elle disait parfois : « Les hommes
me dégoûtent. » Et c'était vrai.

Alors je fus jaloux d'elle-même ; jaloux de son indifférence,
70   jaloux de la solitude de ses nuits ; jaloux de ses gestes, de sa
pensée que je sentais toujours infâme, jaloux de tout ce que
je devinais. Et quand elle avait parfois, à son lever, ce regard
mou qui suivait jadis nos nuits ardentes, comme si quelque
concupiscence avait hanté son âme et remué ses désirs, il me
75   venait des suffocations de colère, des tremblements d'indignation, des démangeaisons de l'étrangler, de l'abattre sous
mon genou et de lui faire avouer, en lui serrant la gorge, tous
les secrets honteux de son cœur.

Suis-je fou ? — Non.

80   Voilà qu'un soir je la sentis heureuse. Je sentis qu'une passion nouvelle vibrait en elle. J'en étais sûr, indubitablement
sûr. Elle palpitait comme après mes étreintes ; son œil flam-
bait, ses mains étaient chaudes, toute sa personne vibrante dé-
gageait cette vapeur d'amour d'où mon affolement était venu.

85   Je feignis de ne rien comprendre, mais mon attention l'enveloppait comme un filet.

Je ne découvrais rien, pourtant.

J'attendis une semaine, un mois, une saison. Elle s'épa-
nouissait dans l'éclosion d'une incompréhensible ardeur ; elle
90   s'apaisait dans le bonheur d'une insaisissable caresse.

Et, tout à coup, je devinai ! Je ne suis pas fou. Je le jure, je
ne suis pas fou !

Comment dire cela ? Comment me faire comprendre ?
Comment exprimer cette abominable et incompréhensible
95   chose ?

Voici de quelle manière je fus averti.

Un soir, je vous l'ai dit, un soir, comme elle rentrait d'une
longue promenade à cheval, elle tomba, les pommettes rouges,

la poitrine battante, les jambes cassées, les yeux meurtris, sur une chaise basse, en face de moi. Je l'avais vue comme cela ! Elle aimait ! Je ne pouvais m'y tromper !

Alors, perdant la tête, pour ne plus la contempler, je me tournai vers la fenêtre, et j'aperçus un valet emmenant par la bride vers l'écurie son grand cheval, qui se cabrait.

Elle aussi suivait de l'œil l'animal ardent et bondissant. Puis, quand il eut disparu, elle s'endormit tout à coup.

Je songeai toute la nuit ; et il me sembla pénétrer des mystères que je n'avais jamais soupçonnés. Qui sondera jamais les perversions de la sensualité des femmes ? Qui comprendra leurs invraisemblables caprices et l'assouvissement étrange des plus étranges fantaisies ?

Chaque matin, dès l'aurore, elle partait au galop par les plaines et les bois ; et chaque fois, elle rentrait alanguie, comme après des frénésies d'amour.

J'avais compris ! j'étais jaloux maintenant du cheval nerveux et galopant ; jaloux du vent qui caressait son visage quand elle allait d'une course folle ; jaloux des feuilles qui baisaient, en passant, ses oreilles ; des gouttes de soleil qui lui tombaient sur le front à travers les branches ; jaloux de la selle qui la portait et qu'elle étreignait de sa cuisse.

C'était tout cela qui la faisait heureuse, qui l'exaltait, l'assouvissait, l'épuisait et me la rendait ensuite insensible et presque pâmée.

Je résolus de me venger. Je fus doux et plein d'attentions pour elle. Je lui tendais la main quand elle allait sauter à terre après ses courses effrénées. L'animal furieux ruait vers moi ; elle le flattait sur son cou recourbé, l'embrassait sur ses naseaux frémissants sans essuyer ensuite ses lèvres ; et le parfum de son corps, en sueur comme après la tiédeur du lit, se mêlait sous ma narine à l'odeur âcre et fauve de la bête.

J'attendis mon jour et mon heure. Elle passait chaque matin par le même sentier, dans un petit bois de bouleaux qui s'enfonçait dans la forêt.

Je sortis avant l'aurore, avec une corde dans la main et mes
135 pistolets cachés sur ma poitrine, comme si j'allais me battre
en duel.

J'ai courus vers le chemin qu'elle aimait ; je tendis la corde
entre deux arbres ; puis je me cachai dans les herbes.

J'avais l'oreille contre le sol ; j'entendis son galop lointain ;
140 puis je l'aperçus là-bas, sous les feuilles comme au bout d'une
voûte, arrivant à fond de train. Oh ! je ne m'étais pas
trompé, c'était cela ! Elle semblait transportée d'allégresse, le
sang aux joues, de la folie dans le regard ; et le mouvement
précipité de la course faisait vibrer ses nerfs d'une jouissance
145 solitaire et furieuse.

L'animal heurta mon piège des deux jambes de devant, et
roula, les os cassés. Elle ! je la reçus dans mes bras. Je suis fort
à porter un bœuf. Puis, quand je l'eus déposée à terre, je m'ap-
prochai de Lui qui nous regardait ; alors, pendant qu'il essayait
150 de me mordre encore, je lui mis un pistolet dans l'oreille…
et je le tuai… comme un homme.

Mais je tombai moi-même, la figure coupée par deux coups
de cravache ; et comme elle se ruait de nouveau sur moi, je
lui tirai mon autre balle dans le ventre.

155 Dites-moi, suis-je fou ?

Copié sur le manuscrit d'un aliéné par Maufrigneuse.
Paru dans *Gil Blas* le 23 août 1882,
sous la signature Maufrigneuse[1].

---

1. *Maufrigneuse* : Maupassant aurait emprunté ce pseudonyme à un couple de *La Comédie
humaine* de Balzac, le duc et la duchesse de Maufrigneuse, personnages caractéri-
sés par leur immoralité.

Pierrot

Madame Lefèvre était une dame de campagne, une veuve, une de ces demi-paysannes à rubans et à chapeaux falbalas[1], de ces personnes qui parlent avec des cuirs[2], prennent en public des airs grandioses, et cachent une âme de brute pré-
5 tentieuse sous des dehors comiques et chamarrés, comme elles dissimulent leurs grosses mains rouges sous des gants de soie écrue.

Elle avait pour servante une brave campagnarde toute simple, nommée Rose.

10 Les deux femmes habitaient une petite maison à volets verts, le long d'une route, en Normandie, au centre du pays[3] de Caux.

Comme elles possédaient, devant l'habitation, un étroit jardin, elles cultivaient quelques légumes.

15 Or, une nuit, on lui vola une douzaine d'oignons.

Dès que Rose s'aperçut du larcin, elle courut prévenir Madame, qui descendit en jupe de laine. Ce fut une désola-tion et une terreur. On avait volé, volé Mme Lefèvre! Donc, on volait dans le pays, puis on pouvait revenir.

20 Et les deux femmes effarées contemplaient les traces de pas, bavardaient, supposaient des choses: «Tenez, ils ont passé par là. Ils ont mis leurs pieds sur le mur; ils ont sauté dans la plate-bande. »

Et elles s'épouvantaient pour l'avenir. Comment dormir
25 tranquilles maintenant!

---

1. *chapeaux falbalas*: l'expression semble avoir été créée par Maupassant, qui fait l'éco-nomie de la préposition *à*.

2. *cuirs*: faute de liaison entre deux mots; l'emploi est évocateur d'un parler régional.

3. *pays*: province, circonscription quelconque. *Le Petit Robert 1* donne précisément, comme exemple de cet emploi du mot *pays*, l'expression *pays de Caux*.

Le bruit du vol se répandit. Les voisins arrivèrent, constatèrent, discutèrent à leur tour ; et les deux femmes expliquaient à chaque nouveau venu leurs observations et leurs idées.

Un fermier d'à côté leur offrit ce conseil : « Vous devriez avoir
30 un chien. »

C'était vrai, cela ; elles devraient avoir un chien, quand ce ne serait que pour donner l'éveil. Pas un gros chien, Seigneur ! Que feraient-elles d'un gros chien ! Il les ruinerait en nourriture. Mais un petit chien (en Normandie, on pro-
35 nonce *quin*), un petit freluquet de *quin* qui jappe.

Dès que tout le monde fut parti, Mme Lefèvre discuta longtemps cette idée de chien. Elle faisait, après réflexion, mille objections, terrifiée par l'image d'une jatte pleine de pâtée ; car elle était de cette race parcimonieuse de dames campa-
40 gnardes qui portent toujours des centimes dans leur poche pour faire l'aumône ostensiblement aux pauvres des chemins, et donner aux quêtes du dimanche.

Rose, qui aimait les bêtes, apporta ses raisons et les défendit avec astuce. Donc il fut décidé qu'on aurait un chien, un tout
45 petit chien.

On se mit à sa recherche, mais on n'en trouvait que des grands, des avaleurs de soupe à faire frémir. L'épicier de Rolleville en avait bien un, un tout petit, mais il exigeait qu'on le lui payât deux francs, pour couvrir ses frais d'élevage.
50 Mme Lefèvre déclara qu'elle voulait bien nourrir un « quin », mais qu'elle n'en achèterait pas.

Or, le boulanger, qui savait les événements, apporta, un matin, dans sa voiture, un étrange petit animal tout jaune, presque sans pattes, avec un corps de crocodile, une tête de
55 renard et une queue en trompette, un vrai panache, grand comme tout le reste de sa personne. Un client cherchait à s'en défaire. Mme Lefèvre trouva fort beau ce roquet immonde, qui ne coûtait rien. Rose l'embrassa, puis demanda comment on le nommait. Le boulanger répondit : « Pierrot ».

60   Il fut installé dans une vieille caisse à savon[1] et on lui offrit d'abord de l'eau à boire. Il but. On lui présenta ensuite
un morceau de pain. Il mangea. Mme Lefèvre, inquiète, eut
une idée : « Quand il sera bien accoutumé à la maison, on le
laissera libre. Il trouvera à manger en rôdant par le pays. »

65   On le laissa libre, en effet, ce qui ne l'empêcha point d'être
affamé. Il ne jappait d'ailleurs que pour réclamer sa pitance ;
mais, dans ce cas, il jappait avec acharnement.

Tout le monde pouvait entrer dans le jardin. Pierrot allait
caresser chaque nouveau venu, et demeurait absolument muet.

70   Mme Lefèvre cependant s'était accoutumée à cette bête. Elle
en arrivait même à l'aimer, et à lui donner de sa main, de temps
en temps, des bouchées de pain trempées dans la sauce de
son fricot.

Mais elle n'avait nullement songé à l'impôt[2], et quand on
75 lui réclama huit francs — huit francs, madame ! — pour ce
freluquet de quin qui ne jappait seulement point, elle faillit
s'évanouir de saisissement.

Il fut immédiatement décidé qu'on se débarrasserait de
Pierrot. Personne n'en voulut. Tous les habitants le refusèrent
80 à dix lieues aux environs. Alors on se résolut, faute d'autre
moyen, à lui faire « piquer du mas ».

« Piquer du mas », c'est « manger de la marne ». On fait piquer du mas à tous les chiens dont on veut se débarrasser.

Au milieu d'une vaste plaine, on aperçoit une espèce de
85 hutte, ou plutôt un tout petit toit de chaume, posé sur le sol.
C'est l'entrée de la marnière. Un grand puits[3] tout droit s'enfonce jusqu'à vingt mètres sous terre, pour aboutir à une série
de longues galeries de mines.

---

1. *caisse à savon* : « meuble grossier, en bois blanc. » (*Le Petit Robert 1*)

2. *impôt* : il s'agit d'une taxe pour les propriétaires de chiens.

3. *puits* : « 2. (1254) Excavation pratiquée dans le sol ou le sous-sol pour l'exploitation
    d'un gisement. » (*Le Petit Robert 1*)

On descend une fois par an dans cette carrière, à l'époque
90   où l'on marne les terres. Tout le reste du temps, elle sert de
cimetière aux chiens condamnés ; et souvent, quand on passe
auprès de l'orifice, des hurlements plaintifs, des aboiements
furieux ou désespérés, des appels lamentables montent
jusqu'à vous.

95   Les chiens des chasseurs et des bergers s'enfuient avec épouvante des abords de ce trou gémissant ; et, quand on se penche
au-dessus, il sort de là une abominable odeur de pourriture.

Des drames affreux s'y accomplissent dans l'ombre.

Quand une bête agonise depuis dix à douze jours dans le
100 fond, nourrie par les restes immondes de ses devanciers, un
nouvel animal, plus gros, plus vigoureux certainement, est précipité tout à coup. Ils sont là, seuls, affamés, les yeux luisants.
Ils se guettent, se suivent, hésitent, anxieux. Mais la faim les
presse : ils s'attaquent, luttent longtemps, acharnés ; et le plus
105 fort mange le plus faible, le dévore vivant.

Quand il fut décidé qu'on ferait « piquer du mas » à Pierrot,
on s'enquit d'un exécuteur. Le cantonnier qui binait la route
demanda six sous pour la course. Cela parut follement exagéré à Mme Lefèvre. Le goujat[1] du voisin se contentait de cinq
110 sous ; c'était trop encore ; et, Rose ayant fait observer qu'il
valait mieux qu'elles le portassent elles-mêmes, parce qu'ainsi
il ne serait pas brutalisé en route et averti de son sort, il fut
résolu qu'elles iraient toutes les deux à la nuit tombante.

On lui offrit, ce soir-là, une bonne soupe avec un doigt de
115 beurre. Il l'avala jusqu'à la dernière goutte ; et, comme il remuait la queue de contentement, Rose le prit dans son tablier.

Elles allaient à grands pas, comme des maraudeuses, à
travers la plaine. Bientôt elles aperçurent la marnière et l'at-
teignirent ; Mme Lefèvre se pencha pour écouter si aucune bête
120 ne gémissait. — Non — il n'y en avait pas ; Pierrot serait seul.

---

1. *goujat* : n. m. « Valet de ferme. » (*Littré*) « Homme mal élevé et grossier. Il signifiait
autrefois "valet d'armée". » (*Dictionnaire de L'Académie française*, 8ᵉ éd. [1932-5]) On
dirait aujourd'hui « homme à tout faire ».

Alors Rose, qui pleurait, l'embrassa, puis le lança dans le trou ; et elles se penchèrent toutes deux, l'oreille tendue.

Elles entendirent d'abord un bruit sourd ; puis la plainte aiguë, déchirante, d'une bête blessée, puis une succession de petits cris de douleur, puis des appels désespérés, des supplications de chien qui implorait, la tête levée vers l'ouverture.

Il jappait, oh ! il jappait !

Elles furent saisies de remords, d'épouvante, d'une peur folle et inexplicable ; et elles se sauvèrent en courant. Et, comme Rose allait plus vite, Mme Lefèvre criait : « Attendez-moi, Rose, attendez-moi ! »

Leur nuit fut hantée de cauchemars épouvantables.

Mme Lefèvre rêva qu'elle s'asseyait à table pour manger la soupe, mais, quand elle découvrait la soupière, Pierrot était dedans. Il s'élançait et la mordait au nez.

Elle se réveilla et crut l'entendre japper encore. Elle écouta ; elle s'était trompée.

Elle s'endormit de nouveau et se trouva sur une grande route, une route interminable, qu'elle suivait. Tout à coup, au milieu du chemin, elle aperçut un panier, un grand panier de fermier, abandonné ; et ce panier lui faisait peur.

Elle finissait cependant par l'ouvrir, et Pierrot, blotti dedans, lui saisissait la main, ne la lâchait plus ; et elle se sauvait, éperdue, portant ainsi au bout du bras le chien suspendu, la gueule serrée.

Au petit jour, elle se leva, presque folle, et courut à la marnière.

Il jappait ; il jappait encore, il avait jappé toute la nuit. Elle se mit à sangloter et l'appela avec mille petits noms caressants. Il répondit avec toutes les inflexions tendres de sa voix de chien.

Alors elle voulut le revoir, se promettant de le rendre heureux jusqu'à sa mort.

Elle courut chez le puisatier chargé de l'extraction de la marne, et elle lui raconta son cas. L'homme écoutait sans rien dire. Quand elle eut fini, il prononça : « Vous voulez votre quin ? Ce sera quatre francs. »

Elle eut un sursaut ; toute sa douleur s'envola du coup.

« Quatre francs ! vous vous en feriez mourir ! quatre francs ! »

160   Il répondit : « Vous croyez que j'vas apporter mes cordes, mes manivelles, et monter tout ça, et m' n' aller là-bas avec mon garçon et m' faire mordre encore par votre maudit quin, pour l' plaisir de vous le r'donner ? fallait pas l'jeter. »

Elle s'en alla, indignée. — Quatre francs !

165   Aussitôt rentrée, elle appela Rose et lui dit les prétentions du puisatier. Rose, toujours résignée, répétait : « Quatre francs ! c'est de l'argent, madame. »

Puis, elle ajouta : « Si on lui jetait à manger, à ce pauvre quin, pour qu'il ne meure pas comme ça ? »

170   Mme Lefèvre approuva, toute joyeuse ; et les voilà reparties, avec un gros morceau de pain beurré.

Elles le coupèrent par bouchées qu'elles lançaient l'une après l'autre, parlant tour à tour à Pierrot. Et sitôt que le chien avait achevé un morceau, il jappait pour réclamer le suivant.

175   Elles revinrent le soir, puis le lendemain, tous les jours. Mais elles ne faisaient plus qu'un voyage.

Or, un matin, au moment de laisser tomber la première bouchée, elles entendirent tout à coup un aboiement formidable dans le puits. Ils étaient deux ! On avait précipité un 180   autre chien, un gros !

Rose cria : « Pierrot ! » Et Pierrot jappa, jappa. Alors on se mit à jeter la nourriture ; mais, chaque fois elles distinguaient parfaitement une bousculade terrible, puis les cris plaintifs de Pierrot mordu par son compagnon, qui mangeait tout, étant 185   le plus fort.

Elles avaient beau spécifier : « C'est pour toi, Pierrot ! » Pierrot, évidemment, n'avait rien.

Les deux femmes, interdites, se regardaient ; et Mme Lefèvre prononça d'un ton aigre : « Je ne peux pourtant pas nourrir 190   tous les chiens qu'on jettera là-dedans. Il faut y renoncer. »

Et, suffoquée à l'idée de tous ces chiens vivant à ses dépens, elle s'en alla, emportant même ce qui restait du pain qu'elle se mit à manger en marchant.

Rose la suivit en s'essuyant les yeux du coin de son tablier bleu.

Paru dans *Le Gaulois* le 9 octobre 1882.

95

La bécasse[1]

Le vieux baron des Ravots avait été pendant quarante ans le roi des chasseurs de sa province. Mais, depuis cinq à six années, une paralysie des jambes le clouait à son fauteuil, et il ne pouvait plus que tirer des pigeons de la fenêtre de son
5   salon ou du haut de son grand perron.

Le reste du temps il lisait.

C'était un homme de commerce aimable chez qui était resté beaucoup de l'esprit lettré[2] du dernier siècle. Il adorait les contes, les petits contes polissons, et aussi les histoires vraies
10 arrivées dans son entourage. Dès qu'un ami entrait chez lui, il demandait :

« Eh bien, quoi de nouveau ? »

Et il savait interroger à la façon d'un juge d'instruction[3].

Par les jours de soleil il faisait rouler devant la porte son
15 large fauteuil pareil à un lit. Un domestique, derrière son dos, tenait les fusils, les chargeait et les passait à son maître ; un autre valet, caché dans un massif, lâchait un pigeon de temps en temps, à des intervalles irréguliers, pour que le baron ne fût pas prévenu et demeurât en éveil.

20 Et, du matin au soir, il tirait les oiseaux rapides, se désolant quand il s'était laissé surprendre, et riant aux larmes quand la bête tombait d'aplomb ou faisait quelque culbute inattendue et drôle. Il se tournait alors vers le garçon qui chargeait les armes, et il demandait, en suffoquant de gaieté :

---

1. *La bécasse* : lors de sa première parution dans le journal *Le Gaulois*, ce texte était immédiatement suivi du conte *La folle*, sous ce seul dernier titre.

2. *esprit lettré* : au XVIIIe siècle, les lettrés étaient des personnes cultivées qui se réunissaient dans les salons ou les cafés pour discuter de questions morales, politiques, etc. Maupassant ironise ici puisque le baron s'intéresse à tout autre chose.

3. *juge d'instruction* : « magistrat spécialement chargé d'informer en matière criminelle ou correctionnelle » et qui « procède aux recherches et apprécie la culpabilité des personnes poursuivies. » (*Le Petit Robert 1*)

25 « Y est-il[1], celui-là, Joseph ! As-tu vu comme il est descendu ? »

Et Joseph répondait invariablement :

« Oh ! Monsieur le baron ne les manque pas. »

À l'automne, au moment des chasses, il invitait, comme à l'ancien temps, ses amis, et il aimait entendre au loin les dé-
30 tonations. Il les comptait, heureux quand elles se précipitaient. Et, le soir, il exigeait de chacun le récit fidèle de sa journée.

Et on restait trois heures à table en racontant des coups de fusil.

C'étaient d'étranges et invraisemblables aventures, où se
35 complaisait l'humeur hâbleuse des chasseurs. Quelques-unes avaient fait date et revenaient régulièrement. L'histoire d'un lapin que le petit vicomte de Bourril avait manqué dans son vestibule les faisait se tordre chaque année de la même façon. Toutes les cinq minutes un nouvel orateur prononçait :
40 « J'entends : "Birr ! Birr !" et une compagnie magnifique me part à dix pas. J'ajuste : pif ! paf ! j'en vois tomber une pluie, une vraie pluie. Il y en avait sept ! »

Et tous, étonnés, mais réciproquement crédules, s'extasiaient.

Mais il existait dans la maison une vieille coutume, appelée
45 le « conte de la Bécasse ».

Au moment du passage de cette reine des gibiers, la même cérémonie recommençait à chaque dîner.

Comme il adorait l'incomparable oiseau, on en mangeait tous les soirs un par convive ; mais on avait soin de laisser dans
50 un plat toutes les têtes.

Alors le baron, officiant comme un évêque, se faisait apporter sur une assiette un peu de graisse, oignait avec soin les têtes précieuses en les tenant par le bout de la mince aiguille qui leur sert de bec. Une chandelle allumée était posée près
55 de lui, et tout le monde se taisait, dans l'anxiété de l'attente.

---

1. *Y est-il* : c'est-à-dire « est-il atteint ».

Puis il saisissait un des crânes ainsi préparés, le fixait sur une épingle, piquait l'épingle sur un bouchon, maintenait le tout en équilibre au moyen de petit bâtons croisés comme des balanciers, et plantait délicatement cet appareil sur un
60   goulot de bouteille en manière de tourniquet.

Tous les convives comptaient ensemble, d'une voix forte : « Une, — deux, — trois. »

Et le baron, d'un coup de doigt, faisait vivement pivoter ce joujou.

65   Celui des invités que désignait, en s'arrêtant, le long bec pointu devenait maître de toutes les têtes, régal exquis qui faisait loucher ses voisins.

Il les prenait une à une et les faisait griller sur la chandelle. La graisse crépitait, la peau rissolée fumait, et l'élu du hasard
70   croquait le crâne suiffé en le tenant par le nez et en poussant des exclamations de plaisir.

Et chaque fois les dîneurs, levant leurs verres, buvaient à sa santé.

Puis, quand il avait achevé le dernier, il devait, sur l'ordre
75   du baron, conter une histoire pour indemniser les déshérités.

Voici quelques-uns de ces récits…[1]

Paru dans *Le Gaulois* le 5 décembre 1882.

---

1. Dans la première parution, en 1882, la dernière phrase – en guise d'introduction à *La folle* – était : « Et voici ce que raconta M. Mathieu d'Endolin. »

La folle

Tenez, dit M. Mathieu d'Endolin, les **bécasses** me rappellent une bien **sinistre** anecdote de la guerre.

Vous connaissez ma propriété dans le faubourg de Cormeil. Je l'habitais au moment de l'arrivée des Prussiens[1].

5 J'avais alors pour voisine une **espèce** de folle, dont l'esprit s'était égaré sous les coups du malheur. Jadis, à l'âge de vingt-cinq ans, elle avait perdu, en un seul mois, son père, son mari et son enfant nouveau-né.

Quand la mort est entrée une fois dans une maison, elle y 10 revient presque toujours immédiatement, comme si elle connaissait la porte.

La pauvre jeune femme, foudroyée par le chagrin, prit le lit, délira pendant six semaines. Puis, une sorte de lassitude calme succédant à cette crise violente, elle resta sans mouve-15 ment, mangeant à peine, remuant seulement les yeux. Chaque fois qu'on voulait la faire lever, elle criait comme si on l'eût tuée. On la laissa donc toujours couchée, ne la tirant de ses **draps** que pour les soins de sa toilette et pour retourner ses matelas.

20 Une vieille bonne restait près d'elle, la faisant boire de temps en temps ou mâcher un peu de viande froide. Que se passait-il dans cette **âme** désespérée? On ne le sut jamais; car elle ne parla plus. Songeait-elle aux morts? Rêvassait-elle tristement, sans souvenir précis? Ou bien sa pensée anéantie restait-elle 25 immobile comme de l'eau sans courant?

Pendant quinze années, elle demeura ainsi fermée et inerte.

La guerre vint; et, dans les premiers jours de décembre, les Prussiens pénétrèrent à Cormeil.

---

1. *arrivée des Prussiens*: référence à la guerre franco-prussienne de 1870-1871 de même qu'au siège de Paris et à son occupation de septembre 1870 à janvier 1871. Sur la place de ce conflit dans la vie et dans l'œuvre de Maupassant, voir l'introduction, page 3.

Je me rappelle cela comme d'hier. Il gelait à fendre les
30 pierres ; et j'étais étendu moi-même dans un fauteuil, im-
mobilisé par la goutte, quand j'entendis le battement lourd
et rythmé de leurs pas. De ma fenêtre, je les vis passer.

Ils défilaient interminablement, tous pareils, avec ce mouvement de pantins qui leur est particulier. Puis les chefs dis-
35 tribuèrent leurs hommes aux habitants[1]. J'en eus dix-sept. La
voisine, la folle, en avait douze, dont un commandant, vrai
soudard, violent, bourru.

Pendant les premiers jours, tout se passa normalement. On
avait dit à l'officier d'à côté que la dame était malade ; et il ne
40 s'en inquiéta guère. Mais bientôt cette femme qu'on ne voyait
jamais l'irrita. Il s'informa de la maladie ; on répondit que son
hôtesse était couchée depuis quinze ans par suite d'un violent chagrin. Il n'en crut rien sans doute, et s'imagina que la
pauvre insensée ne quittait pas son lit par fierté, pour ne pas
45 voir les Prussiens, et ne leur point parler, et ne les point frôler.

Il exigea qu'elle le reçût ; on le fit entrer dans sa chambre.
Il demanda d'un ton brusque :

« Je vous prierai, matame, de fous lever et de tescentre pour
qu'on fous foie[2]. »
50 Elle tourna vers lui ses yeux vagues, ses yeux vides, et ne
répondit pas.

Il reprit :

« Che ne tolérerai bas d'insolence. Si fous ne fous levez pas
de ponne volonté, che trouverai pien un moyen de fous faire
55 bromener toute seule. »

Elle ne fit pas un geste, toujours immobile comme si elle
ne l'eût pas vu.

---

1. *distribuèrent leurs hommes aux habitants* : il était de coutume, pour une armée d'occupation, d'imposer aux habitants conquis l'hébergement de certains de ses soldats.

2. Maupassant tente ici d'imiter l'accent germanique de l'officier. Voir *pérégrinisme* dans
le Glossaire des notions littéraires à la fin de l'ouvrage.

Il rageait, prenant ce silence pour une marque de mépris suprême. Et il ajouta :

60 « Si vous n'êtes pas tescentue temain… »

Puis, il sortit.

Le lendemain, la vieille bonne, éperdue, la voulut habiller[1] ; mais la folle se mit à hurler en se débattant. L'officier monta bien vite ; et la servante, se jetant à ses genoux, cria :

65 « Elle ne veut pas, monsieur, elle ne veut pas. Pardonnez-lui ; elle est si **malheureuse**. »

Le soldat restait embarrassé, n'osant, malgré sa colère, la faire tirer du lit par ses hommes. Mais soudain il se mit à rire et donna des ordres en allemand.

70 Et bientôt on vit sortir un détachement qui soutenait un matelas comme on porte un blessé. Dans ce lit qu'on n'avait point défait, la folle, toujours silencieuse, restait tranquille, indifférente aux événements tant qu'on la laissait couchée. Un homme par derrière portait un paquet de vêtements féminins.

75 Et l'officier prononça en se frottant les mains :

« Nous ferrons pien si vous poufez bas vous hapiller toute seule et faire une bétite bromenate. »

Puis on vit s'éloigner le **cortège** dans la direction de la forêt d'Imauville.

80 Deux heures plus tard, les soldats revinrent tout seuls.

On ne revit plus la folle. Qu'en avaient-ils fait ? Où l'avaient-ils portée ? On ne le sut jamais.

La neige tombait maintenant jour et nuit, ensevelissant la plaine et les bois sous un linceul de mousse glacée. Les loups
85 venaient hurler jusqu'à nos portes.

---

1. *la voulut habiller* : l'ancienne langue plaçait très souvent devant le verbe principal le pronom personnel complément direct du verbe infinitif. La langue littéraire moderne n'a pas abandonné ce tour ; on retrouve ce type de construction syntaxique notamment avec *pouvoir*, *aller*, *vouloir*, etc.

La pensée de cette femme perdue me hantait ; et je fis plusieurs démarches auprès de l'autorité prussienne, afin d'obtenir des renseignements. Je faillis être fusillé.

Le printemps revint. L'armée d'occupation s'éloigna. La
90 maison de ma voisine restait fermée ; l'herbe drue poussait dans les allées.

La vieille bonne était morte pendant l'hiver. Personne ne s'occupait plus de cette aventure ; moi seul y songeais sans cesse.

Qu'avaient-ils fait de cette femme ? S'était-elle enfuie à tra-
95 vers les bois ? L'avait-on recueillie quelque part, et gardée dans un hôpital sans pouvoir obtenir d'elle aucun renseignement ? Rien ne venait alléger mes doutes ; mais, peu à peu, le temps apaisa le souci de mon cœur.

Or, à l'automne suivant, les bécasses passèrent en masse ;
100 et, comme ma goutte me laissait un peu de répit, je me traînai jusqu'à la forêt. J'avais déjà tué quatre ou cinq oiseaux à long bec, quand j'en abattis un qui disparut dans un fossé plein de branches. Je fus obligé d'y descendre pour y ramasser ma bête. Je la trouvai tombée auprès d'une tête de mort. Et brus-
105 quement le souvenir de la folle m'arriva dans la poitrine comme un coup de poing. Bien d'autres avaient expiré dans ces bois peut-être en cette année sinistre ; mais je ne sais pourquoi, j'étais sûr, sûr, vous dis-je, que je rencontrais la tête de cette misérable **maniaque**.

110 Et soudain je compris, je devinai tout. Ils l'avaient abandonnée sur ce matelas, dans la forêt froide et déserte ; et, fidèle à son idée fixe, elle s'était laissée mourir sous l'épais et léger duvet des neiges et sans remuer le bras ou la jambe.

Puis les loups l'avaient dévorée.

115 Et les oiseaux avaient fait leur nid avec la laine de son lit déchiré.

J'ai gardé ce triste ossement. Et je fais des vœux pour que nos fils ne voient plus jamais de guerre.

Paru dans *Le Gaulois* le 5 décembre 1882.

Le siège de Paris, en 1870-1871. Une marchande de chiens, de chats, de rats et de souris,
au marché Saint-Germain. Dessin.

© Collection Roger-Viollet. / RVB-03588.

Deux amis

Paris était bloqué, affamé et râlant[1]. Les moineaux se faisaient bien rares sur les toits, et les égouts se dépeuplaient.
On mangeait n'importe quoi.

Comme il se promenait tristement par un clair matin
5   de janvier le long du boulevard extérieur, les mains dans
les poches de sa culotte d'uniforme[2] et le ventre vide,
M. Morissot, horloger de son état et pantouflard par occasion,
s'arrêta net devant un confrère qu'il reconnut pour un ami.
C'était M. Sauvage, une connaissance du bord de l'eau.

10   Chaque dimanche, avant la guerre, Morissot partait dès l'aurore, une canne en bambou d'une main, une boîte en fer-blanc
sur le dos. Il prenait le chemin de fer d'Argenteuil, descendait à Colombes, puis gagnait à pied l'île Marante[3]. À peine
arrivé en ce lieu de ses rêves, il se mettait à pêcher ; il pêchait
15   jusqu'à la nuit.

Chaque dimanche, il rencontrait là un petit homme replet
et jovial, M. Sauvage, mercier, rue Notre-Dame-de-Lorette[4],
autre pêcheur fanatique. Ils passaient souvent une demi-
journée côte à côte, la ligne à la main et les pieds ballants au-
20   dessus du courant ; et ils s'étaient pris d'amitié l'un pour l'autre.

En certains jours, ils ne parlaient pas. Quelquefois ils cau-
saient ; mais ils s'entendaient admirablement sans rien dire,
ayant des goûts semblables et des sensations identiques.

---

1. Le récit se passe pendant la guerre franco-prussienne de 1870-1871, plus précisément en janvier 1871 d'après plusieurs indices. En septembre 1870, le Second Empire
tombait, la Troisième République était proclamée, et Paris était assiégée. Sur la place
de ce conflit dans la vie et dans l'œuvre de Maupassant, voir l'introduction, page 3.

2. *uniforme* : sans doute celui de la garde nationale, composée de citoyens soldats du
gouvernement de la Défense nationale, qui, après la chute du Second Empire, di-
rigea la France de 1870 à février 1871.

3. *Argenteuil*, *Colombes*, *l'île Marante* : ce sont trois petites localités situées à quelques
kilomètres de Paris.

4. *rue Notre-Dame-de-Lorette* : rue du 9ᵉ arrondissement de Paris, dans le quartier de
l'Opéra, avec ses grands boulevards (Clichy, Rochechouart, etc.). M. Sauvage tenait
sans doute mercerie sur un de ces boulevards.

Au printemps, le matin, vers dix heures, quand le soleil
rajeuni faisait flotter sur le fleuve tranquille cette petite buée
qui coule avec l'eau, et versait dans le dos des deux enragés
pêcheurs une bonne chaleur de saison nouvelle, Morissot parfois disait à son voisin : « Hein ! quelle douceur ! » et M. Sauvage
répondait : « Je ne connais rien de meilleur. » Et cela leur suffisait pour se comprendre et s'estimer.

À l'automne, vers la fin du jour, quand le ciel, ensanglanté
par le soleil couchant, jetait dans l'eau des figures de nuages
écarlates, empourprait le fleuve entier, enflammait l'horizon,
faisait rouges comme du feu les deux amis, et dorait les arbres
roussis déjà, frémissants d'un frisson d'hiver, M. Sauvage regardait en souriant Morissot et prononçait : « Quel spectacle ! »
Et Morissot émerveillé répondait, sans quitter des yeux son
flotteur : « Cela vaut mieux que le boulevard, hein ? »

Dès qu'ils se furent reconnus, ils se serrèrent les mains éner-
giquement, tout émus de se retrouver en des circonstances
si différentes. M. Sauvage, poussant un soupir, murmura : « En
voilà des événements ! » Morissot, très morne, gémit : « Et quel
temps ! C'est aujourd'hui le premier beau jour de l'année. »

Le ciel était, en effet, tout bleu et plein de lumière.

Ils se mirent à marcher côte à côte, rêveurs et tristes.
Morissot reprit : « Et la pêche ? hein ! quel bon souvenir ! »

M. Sauvage demanda : « Quand y retournerons-nous ? »

Ils entrèrent dans un petit café et burent ensemble une absinthe ; puis ils se remirent à se promener sur les trottoirs.

Morissot s'arrêta soudain : « Une seconde verte[1], hein ? »
M. Sauvage y consentit : « À votre disposition. » Et ils pénétrèrent chez un autre marchand de vins.

Ils étaient fort étourdis en sortant, troublés comme des gens
à jeun dont le ventre est plein d'alcool. Il faisait doux. Une
brise caressante leur chatouillait le visage.

---

1. *verte* : nom familier de l'absinthe.

M. Sauvage, que l'air tiède achevait de griser, s'arrêta : « Si on y allait ? »

— Où ça ?

— À la pêche, donc.

60   — Mais où ?

— Mais à notre île. Les avant-postes français sont auprès de Colombes. Je connais le colonel Dumoulin ; on nous laissera passer facilement. »

Morissot frémit de désir : « C'est dit. J'en suis. » Et ils se 65   séparèrent pour prendre leurs instruments.

Une heure après, ils marchaient côte à côte sur la grand'route[1]. Puis ils gagnèrent la villa qu'occupait le colonel. Il sourit de leur demande et consentit à leur fantaisie. Ils se remirent en marche, munis d'un laissez-passer.

70   Bientôt ils franchirent les avant-postes, traversèrent Colombes abandonné, et se trouvèrent au bord des petits champs de vigne qui descendent vers la Seine. Il était environ onze heures.

En face, le village d'Argenteuil semblait mort. Les hauteurs 75   d'Orgemont et de Sannois dominaient tout le pays. La grande plaine qui va jusqu'à Nanterre était vide, toute vide, avec ses cerisiers nus et ses terres grises.

M. Sauvage, montrant du doigt les sommets, murmura : « Les Prussiens sont là-haut ! » Et une inquiétude paralysait 80   les deux amis devant ce pays désert.

Les Prussiens ! Ils n'en avaient jamais aperçu, mais ils les sentaient là depuis des mois, autour de Paris, ruinant la France, pillant, massacrant, affamant, invisibles et tout-puissants. Et une sorte de terreur superstitieuse s'ajoutait à la haine qu'ils 85   avaient pour ce peuple inconnu et victorieux.

Morissot balbutia : « Hein ! si nous allions en rencontrer ? »

M. Sauvage répondit, avec cette gouaillerie parisienne reparaissant malgré tout : « Nous leur offririons une friture. »

---

1. *grand'route* : graphie ancienne de *grand-route* qui a été en usage jusqu'au milieu du XXe siècle.

Mais ils hésitaient à s'aventurer dans la campagne, inti-
90 midés par le silence de tout l'horizon.

À la fin, M. Sauvage se décida : « Allons, en route ! mais avec
précaution. » Et ils descendirent dans un champ de vigne,
courbés en deux, rampant, profitant des buissons pour se couvrir, l'œil inquiet, l'oreille tendue.

95 Une bande de terre nue restait à traverser pour gagner le
bord du fleuve. Ils se mirent à courir ; et dès qu'ils eurent atteint la berge, ils se blottirent dans les roseaux secs.

Morissot colla sa joue par terre pour écouter si on ne marchait pas dans les environs. Il n'entendit rien. Ils étaient bien
00 seuls, tout seuls.

Ils se rassurèrent et se mirent à pêcher.

En face d'eux, l'île Marante abandonnée les cachait à l'autre
berge. La petite maison du restaurant était close, semblait dé-
laissée depuis des années.

05 M. Sauvage prit le premier goujon. Morissot attrapa le
second, et d'instant en instant ils levaient leurs lignes avec une
petite bête argentée frétillant au bout du fil : une vraie pêche
miraculeuse.

Ils introduisaient délicatement les poissons dans une
10 poche de filet à mailles très serrées, qui trempait à leurs pieds.
Et une joie délicieuse les pénétrait, cette joie qui vous saisit
quand on retrouve un plaisir aimé dont on est privé depuis
longtemps.

Le bon soleil leur coulait sa chaleur entre les épaules ; ils
15 n'écoutaient plus rien ; ils ne pensaient plus à rien ; ils igno-
raient le reste du monde ; ils pêchaient.

Mais soudain un bruit sourd qui semblait venir de sous terre
fit trembler le sol. Le canon se remettait à tonner.

Morissot tourna la tête, et par-dessus la berge il aperçut,
20 là-bas, sur la gauche, la grande silhouette du Mont-Valérien[1],

---

1. *Mont-Valérien* : colline à quelques kilomètres au nord-ouest de Paris. C'est de ce mont,
à partir du fort français abandonné depuis le 19 septembre 1870, que 10 000 obus
furent tirés sur Paris par les Prussiens en janvier 1871, faisant près de 400 morts et
détruisant près de 200 immeubles.

qui portait au front une aigrette blanche, une buée de poudre qu'il venait de cracher.

Et aussitôt un second jet de fumée partit du sommet de la forteresse; et quelques instants après une nouvelle détona-
125   tion gronda.

Puis d'autres suivirent, et de moment en moment, la montagne jetait son haleine de mort, soufflait ses vapeurs laiteuses qui s'élevaient lentement dans le ciel calme, faisaient un nuage au-dessus d'elle.

130   M. Sauvage haussa les épaules: «Voilà qu'ils recommencent», dit-il.

Morissot, qui regardait anxieusement plonger coup sur coup la plume de son flotteur[1], fut pris soudain d'une colère d'homme paisible contre ces enragés qui se battaient ainsi, et
135   il grommela: «Faut-il être stupide pour se tuer comme ça!»

M. Sauvage reprit: «C'est pis que des bêtes.»

Et Morissot, qui venait de saisir une ablette, déclara: «Et dire que ce sera toujours ainsi tant qu'il y aura des gouvernements.»

M. Sauvage l'arrêta: «La République n'aurait pas déclaré
140   la guerre…»

Morissot l'interrompit: «Avec les rois on a la guerre au-dehors; avec la République on a la guerre au-dedans.»

Et tranquillement ils se mirent à discuter, débrouillant les grands problèmes politiques avec une raison saine d'hommes
145   doux et bornés, tombant d'accord sur ce point, qu'on ne serait jamais libres. Et le Mont-Valérien tonnait sans repos, démolissant à coups de boulet des maisons françaises, broyant des vies, écrasant des êtres, mettant fin à bien des rêves, à bien des joies attendues, à bien des bonheurs espérés, ouvrant en
150   des cœurs de femmes, en des cœurs de filles, en des cœurs

---

1. *plume de son flotteur*: «Autrefois appelés "bouchons" ou "plumes" car ils étaient fabriqués en liège ou en plumes d'oiseau (oie, paon, condor…), les flotteurs étaient regroupés sous le terme de *flotte*, mot encore d'usage au Canada. De nos jours, on emploie le mot *flotteur* qui est plus générique.» (http://www.jcpoiret.com/bapw/index.html?page=peche/materiel/flotteurs.htm)

de mères, là-bas, en d'autres pays, des souffrances qui ne finiraient plus.

« C'est la vie », déclara M. Sauvage.

« Dites plutôt que c'est la mort », reprit en riant Morissot.

155 Mais ils tressaillirent, effarés, sentant bien qu'on venait de marcher derrière eux ; et ayant tourné les yeux, ils aperçurent, debout contre leurs épaules, quatre hommes, quatre grands hommes armés et barbus, vêtus comme des domestiques en livrée et coiffés de casquettes plates, les tenant en joue au bout

160 de leurs fusils.

Les deux lignes s'échappèrent de leurs mains et se mirent à descendre la rivière.

En quelques secondes, ils furent saisis, attachés, emportés, jetés dans une barque et passés dans l'île.

165 Et derrière la maison qu'ils avaient crue abandonnée, ils aperçurent une vingtaine de soldats allemands.

Une sorte de géant velu, qui fumait, à cheval sur une chaise, une grande pipe de porcelaine, leur demanda, en excellent français : « Eh bien, Messieurs, avez-vous fait bonne pêche ? »

170 Alors un soldat déposa aux pieds de l'officier le filet plein de poissons, qu'il avait eu soin d'emporter. Le Prussien sourit : « Eh ! eh ! je vois que ça n'allait pas mal. Mais il s'agit d'autre chose. Écoutez-moi et ne vous troublez pas.

« Pour moi, vous êtes deux espions envoyés pour me

175 guetter. Je vous prends et je vous fusille. Vous faisiez semblant de pêcher, afin de mieux dissimuler vos projets. Vous êtes tombés entre mes mains, tant pis pour vous ; c'est la guerre.

« Mais comme vous êtes sortis par les avant-postes, vous avez assurément un mot d'ordre pour rentrer. Donnez-moi

180 ce mot d'ordre et je vous fais grâce. »

Les deux amis, livides, côte à côte, les mains agitées d'un léger tremblement nerveux, se taisaient.

L'officier reprit : « Personne ne le saura jamais, vous rentrerez paisiblement. Le secret disparaîtra avec vous. Si vous

85 refusez, c'est la mort, et tout de suite. Choisissez. »

Ils demeuraient immobiles sans ouvrir la bouche.

Le Prussien, toujours calme, reprit en étendant la main vers la rivière : « Songez que dans cinq minutes vous serez au fond de cette eau. Dans cinq minutes ! Vous devez avoir des parents ? »

190

Le Mont-Valérien tonnait toujours.

Les deux pêcheurs restaient debout et silencieux. L'Allemand donna des ordres dans sa langue. Puis il changea sa chaise de place pour ne pas se trouver trop près des prisonniers ; et douze hommes vinrent se placer à vingt pas, le fusil au pied.

195

L'officier reprit : « Je vous donne une minute, pas deux secondes de plus. »

Puis il se leva brusquement, s'approcha des deux Français, prit Morissot sous le bras, l'entraîna plus loin, lui dit à voix basse : « Vite, ce mot d'ordre ? Votre camarade ne saura rien, j'aurai l'air de m'attendrir. »

200

Morissot ne répondit rien.

Le Prussien entraîna alors M. Sauvage et lui posa la même question.

205

M. Sauvage ne répondit pas.

Ils se retrouvèrent côte à côte.

Et l'officier se mit à commander. Les soldats élevèrent leurs armes.

Alors le regard de Morissot tomba par hasard sur le filet plein de goujons, resté dans l'herbe, à quelque pas de lui.

210

Un rayon de soleil faisait briller le tas de poissons qui s'agitaient encore. Et une défaillance l'envahit. Malgré ses efforts, ses yeux s'emplirent de larmes.

Il balbutia : « Adieu, monsieur Sauvage. »

215

M. Sauvage répondit : « Adieu, monsieur Morissot. »

Ils se serrèrent la main, secoués des pieds à la tête par d'invincibles tremblements.

L'officier cria : « Feu ! »

220

Les douze coups n'en firent qu'un.

M. Sauvage tomba d'un bloc sur le nez. Morissot, plus grand, oscilla, pivota et s'abattit en travers sur son camarade, le visage au ciel, tandis que des bouillons de sang s'échappaient de sa tunique crevée à la poitrine.

225 L'Allemand donna de nouveaux ordres.

Ses hommes se dispersèrent, puis revinrent avec des cordes et des pierres qu'ils attachèrent aux pieds des deux morts ; puis ils les portèrent sur la berge.

Le Mont-Valérien ne cessait pas de gronder, coiffé main-
230 tenant d'une montagne de fumée.

Deux soldats prirent Morissot par la tête et par les jambes ; deux autres saisirent M. Sauvage de la même façon. Les corps, un instant balancés avec force, furent lancés au loin, décri-
virent une courbe, puis plongèrent, debout, dans le fleuve,
235 les pierres entraînant les pieds d'abord.

L'eau rejaillit, bouillonna, frissonna, puis se calma, tandis que de toutes petites vagues s'en venaient jusqu'aux rives.

Un peu de sang flottait.

L'officier, toujours serein, dit à mi-voix : « C'est le tour des
240 poissons maintenant. »

Puis il revint vers la maison.

Et soudain il aperçut le filet aux goujons dans l'herbe. Il le ramassa, l'examina, sourit, cria : « Wilhem ! »

Un soldat accourut, en tablier blanc. Et le Prussien, lui
245 jetant la pêche des deux fusillés, commanda : « Fais-moi frire tout de suite ces petits animaux-là pendant qu'ils sont encore vivants. Ce sera délicieux. »

Puis il se remit à fumer sa pipe.

Paru dans *Gil Blas* le 5 février 1883,
sous la signature Maufrigneuse[1].

---

1. *Maufrigneuse* : voir la note 1, page 38.

Une soirée chez Madame Adam, vers 1885-1890. De gauche à droite:
Henri Rochefort, C. Coquelin, Madame Segond-Weber, Paul Déroulède,
Guy de Maupassant, Juliette Adam, C. de Freycinet, C. Floquet et
Pierre Loti. Gravure de Frédéric Régamey.

La parure

C'était une de ces jolies et charmantes filles, nées, comme par une erreur du destin, dans une famille d'employés[1]. Elle n'avait pas de dot, pas d'espérances, aucun moyen d'être connue, comprise, aimée, épousée par un homme riche et distingué ; et elle se laissa marier avec un petit commis du ministère de l'Instruction publique[2].

Elle fut simple, ne pouvant être parée, mais malheureuse comme une déclassée ; car les femmes n'ont point de caste ni de race, leur beauté, leur grâce et leur charme leur servant de naissance et de famille. Leur finesse native, leur instinct d'élégance, leur souplesse d'esprit sont leur seule hiérarchie, et font des filles du peuple les égales des plus grandes dames.

Elle souffrait sans cesse, se sentant née pour toutes les délicatesses et tous les luxes. Elle souffrait de la pauvreté de son logement, de la misère des murs, de l'usure des sièges, de la laideur des étoffes. Toutes ces choses, dont une autre femme de sa caste ne se serait même pas aperçue, la torturaient et l'indignaient. La vue de la petite Bretonne[3] qui faisait son humble ménage éveillait en elle des regrets désolés et des rêves éperdus. Elle songeait aux antichambres muettes, capitonnées avec des tentures orientales, éclairées par de hautes torchères de bronze, et aux deux grands valets en culotte courte qui dorment dans les larges fauteuils, assoupis par la chaleur lourde du calorifère. Elle songeait aux grands salons vêtus de soie ancienne, aux meubles fins portant des bibelots inestimables,

---

1. *employés* : « Salarié (généralement payé au mois) qui est employé à un travail plutôt intellectuel que manuel (opposé à *ouvrier*) mais sans rôle d'encadrement ou de direction. » (*Le Petit Robert 1*) Ce sens n'existe plus aujourd'hui.

2. *ministère de l'Instruction publique* : devenu en 1932 le ministère de l'Éducation nationale. Maupassant y a lui-même travaillé. À ce sujet, voir l'introduction, pages 3 et 4.

3. *la petite Bretonne* : il était coutume d'engager comme bonne une paysanne bretonne, à un salaire dérisoire vu la pauvreté des habitants de cette province française. Le personnage de la bande dessinée *Bécassine*, créé par Pinchon (dessinateur, 1871-1953) et Caumery (scénariste, 1867-1941) en 1905, est né de cette tradition.

et aux petits salons coquets, parfumés, faits pour la causerie
de cinq heures avec les amis les plus intimes, les hommes
connus et recherchés dont toutes les femmes envient et dé-
sirent l'attention.

30   Quand elle s'asseyait, pour dîner, devant la table ronde
couverte d'une nappe de trois jours, en face de son mari qui
découvrait la soupière en déclarant d'un air enchanté : « Ah !
le bon pot-au-feu ! je ne sais rien de meilleur que cela… », elle
songeait aux dîners fins, aux argenteries reluisantes, aux
35   tapisseries peuplant les murailles de personnages anciens et
d'oiseaux étranges au milieu d'une forêt de féerie ; elle songeait aux plats exquis servis en des vaisselles merveilleuses,
aux galanteries chuchotées et écoutées avec un sourire de
sphinx, tout en mangeant la chair rose d'une truite ou des ailes
40   de gélinotte.

Elle n'avait pas de toilettes, pas de bijoux, rien. Et elle n'aimait que cela ; elle se sentait faite pour cela. Elle eût tant dé-
siré plaire, être enviée, être séduisante et recherchée.

Elle avait une amie riche, une camarade de couvent
45   qu'elle ne voulait plus aller voir, tant elle souffrait en revenant.
Et elle pleurait pendant des jours entiers, de chagrin, de
regret, de désespoir et de détresse.

Or, un soir, son mari rentra, l'air glorieux et tenant à la main
une large enveloppe.

50   « Tiens, dit-il, voici quelque chose pour toi. »

Elle déchira vivement le papier et en tira une carte impri-
mée qui portait ces mots :

« Le ministre de l'Instruction publique et Mme Georges
Ramponneau prient M. et Mme Loisel de leur faire l'honneur
55   de venir passer la soirée à l'hôtel du ministère, le lundi
18 janvier. »

Au lieu d'être ravie, comme l'espérait son mari, elle jeta avec
dépit l'invitation sur la table, murmurant :

« Que veux-tu que je fasse de cela ?

60 — Mais, ma chérie, je pensais que tu serais contente. Tu ne sors jamais, et c'est une occasion, cela, une belle ! J'ai eu une peine infinie à l'obtenir. Tout le monde en veut ; c'est très recherché et on n'en donne pas beaucoup aux employés. Tu verras là tout le monde officiel. »

65 Elle le regardait d'un œil irrité, et elle déclara avec impatience :

« Que veux-tu que je me mette sur le dos pour aller là ? »

Il n'y avait pas songé ; il balbutia :

« Mais la robe avec laquelle tu vas au théâtre. Elle me semble
70 très bien, à moi… »

Il se tut, stupéfait, éperdu, en voyant que sa femme pleurait. Deux grosses larmes descendaient lentement des coins des yeux vers les coins de la bouche ; il bégaya :

« Qu'as-tu ? qu'as-tu ? »

75 Mais, par un effort violent, elle avait dompté sa peine et elle répondit d'une voix calme en essuyant ses joues humides :

« Rien. Seulement je n'ai pas de toilette et par conséquent, je ne peux aller à cette fête. Donne ta carte à quelque collègue dont la femme sera mieux nippée que moi. »

80 Il était désolé. Il reprit :

« Voyons, Mathilde. Combien cela coûterait-il, une toilette convenable, qui pourrait te servir encore en d'autres occasions, quelque chose de très simple ? »

Elle réfléchit quelques secondes, établissant ses comptes et
85 songeant aussi à la somme qu'elle pouvait demander sans s'attirer un refus immédiat et une exclamation effarée du commis économe.

Enfin, elle répondit en hésitant :

« Je ne sais pas au juste, mais il me semble qu'avec quatre
90 cents francs je pourrais arriver. »

Il avait un peu pâli, car il réservait juste cette somme pour acheter un fusil et s'offrir des parties de chasse, l'été suivant, dans la plaine de Nanterre, avec quelques amis qui allaient tirer des alouettes, par là, le dimanche.

95   Il dit cependant :

« Soit. Je te donne quatre cents francs. Mais tâche d'avoir une belle robe. »

Le jour de la fête approchait, et Mme Loisel semblait triste, inquiète, anxieuse. Sa toilette était prête cependant. Son mari
100 lui dit un soir :

« Qu'as-tu ? Voyons, tu es toute drôle depuis trois jours. »

Et elle répondit :

« Cela m'ennuie de n'avoir pas un bijou, pas une pierre, rien à mettre sur moi. J'aurai l'air misère comme tout. J'aimerais
105 presque mieux ne pas aller à cette soirée. »

Il reprit :

« Tu mettras des fleurs naturelles. C'est très chic en cette saison-ci. Pour dix francs tu auras deux ou trois roses magnifiques. »

110 Elle n'était point convaincue.

Non… il n'y a rien de plus humiliant que d'avoir l'air pauvre au milieu de femmes riches. Mais son mari s'écria :

« Que tu es bête ! Va trouver ton amie Mme Forestier et demande-lui de te prêter des bijoux. Tu es bien assez liée avec
115 elle pour faire cela. »

Elle poussa un cri de joie :

« C'est vrai. Je n'y avais point pensé. »

Le lendemain, elle se rendit chez son amie et lui conta sa détresse.

120 Mme Forestier alla vers son armoire à glace, prit un large coffret, l'apporta, l'ouvrit, et dit à Mme Loisel :

« Choisis, ma chère. »

Elle vit d'abord des bracelets, puis un collier de perles, puis une croix vénitienne, or et pierreries, d'un admirable travail.
125 Elle essayait les parures devant la glace, hésitait, ne pouvait se décider à les quitter, à les rendre. Elle demandait toujours :

« Tu n'as plus rien d'autre ?

— Mais si. Cherche. Je ne sais pas ce qui peut te plaire. »

Tout à coup elle découvrit, dans une boîte de satin noir, une
130 superbe rivière de diamants[1] ; et son cœur se mit à battre d'un
désir immodéré. Ses mains tremblaient en la prenant. Elle
l'attacha autour de sa gorge, sur sa robe montante, et demeura
en extase devant elle-même.

Puis, elle demanda, hésitante, pleine d'angoisse :
135 « Peux-tu me prêter cela, rien que cela ?
— Mais oui, certainement. »
Elle sauta au cou de son amie, l'embrassa avec emportement, puis s'enfuit avec son trésor.

Le jour de la fête arriva. Mme Loisel eut un succès. Elle était
140 plus jolie que toutes, élégante, gracieuse, souriante et folle de
joie. Tous les hommes la regardaient, demandaient son nom,
cherchaient à être présentés. Tous les attachés du cabinet voulaient valser avec elle. Le Ministre la remarqua.

Elle dansait avec ivresse, avec emportement, grisée par le
145 plaisir, ne pensant plus à rien, dans le triomphe de sa beauté,
dans la gloire de son succès, dans une sorte de nuage de
bonheur fait de tous ces hommages, de toutes ces admirations,
de tous ces désirs éveillés, de cette victoire si complète et si
douce au cœur des femmes.

150 Elle partit vers quatre heures du matin. Son mari, depuis
minuit, dormait dans un petit salon désert avec trois autres
messieurs dont les femmes s'amusaient beaucoup.

Il lui jeta sur les épaules les vêtements qu'il avait apportés
pour la sortie, modestes vêtements de la vie ordinaire, dont
155 la pauvreté jurait avec l'élégance de la toilette de bal. Elle le
sentit et voulut s'enfuir, pour ne pas être remarquée par les
autres femmes qui s'enveloppaient de riches fourrures.

Loisel la retenait :
« Attends donc. Tu vas attraper froid dehors. Je vais appeler
160 un fiacre. »

---

1. *rivière de diamants* : « I. 4. (1746) FIG. Collier de diamants montés en chatons. » (*Le Petit Robert 1*)

Mais elle ne l'écoutait point et descendait rapidement l'escalier. Lorsqu'ils furent dans la rue, ils ne trouvèrent pas de voiture ; et ils se mirent à chercher, criant après les cochers qu'ils voyaient passer de loin.

165   Ils descendaient vers la Seine, désespérés, grelottants. Enfin, ils trouvèrent sur le quai un de ces vieux coupés[1] noctambules qu'on ne voit dans Paris que la nuit venue, comme s'ils eussent été honteux de leur misère pendant le jour.

Il les ramena jusqu'à leur porte, rue des Martyrs, et ils
170   remontèrent tristement chez eux. C'était fini, pour elle. Et il songeait, lui, qu'il lui faudrait être au Ministère à dix heures.

Elle ôta les vêtements dont elle s'était enveloppé les épaules, devant la glace, afin de se voir encore une fois dans sa gloire. Mais soudain elle poussa un cri. Elle n'avait plus sa
175   rivière autour du cou !

Son mari, à moitié dévêtu déjà, demanda :

« Qu'est-ce que tu as ? »

Elle se tourna vers lui, affolée :

« J'ai… j'ai… je n'ai plus la rivière de Mme Forestier. »
180   Il se dressa, éperdu :

« Quoi !… comment !… Ce n'est pas possible ! »

Et ils cherchèrent dans les plis de la robe, dans les plis du manteau, dans les poches, partout. Ils ne la trouvèrent point.

Il demandait :
185   « Tu es sûre que tu l'avais encore en quittant le bal ?

— Oui, je l'ai touchée dans le vestibule du ministère.

— Mais si tu l'avais perdue dans la rue, nous l'aurions entendue tomber. Elle doit être dans le fiacre.

— Oui. C'est probable. As-tu pris le numéro ?
190   — Non. Et toi, tu ne l'as pas regardé ?

— Non. »

Ils se contemplaient atterrés. Enfin Loisel se rhabilla.

---

1. *coupés* : voitures à deux places et très simples. « Voiture bourgeoise dont la caisse n'a qu'un fond. » (*Littré*) Il s'agit en somme ici du fiacre du pauvre.

« Je vais, dit-il, refaire tout le trajet que nous avons fait à pied, pour voir si je ne la retrouverai pas. »

195 Et il sortit. Elle demeura en toilette de soirée, sans force pour se coucher, abattue sur une chaise, sans feu, sans pensée.

Son mari rentra vers sept heures. Il n'avait rien trouvé.

Il se rendit à la préfecture de police, aux journaux, pour faire promettre une récompense, aux compagnies de petites
200 voitures, partout enfin où un soupçon d'espoir le poussait.

Elle attendit tout le jour, dans le même état d'effarement devant cet affreux désastre.

Loisel revint le soir, avec la figure creusée, pâlie ; il n'avait rien découvert.

205 « Il faut, dit-il, écrire à ton amie que tu as brisé la ferme-ture de sa rivière et que tu la fais réparer. Cela nous donnera le temps de nous retourner. »

Elle écrivit sous sa dictée.

Au bout d'une semaine, ils avaient perdu toute espérance.
210 « Il faut aviser à remplacer ce bijou. »

Ils prirent, le lendemain, la boîte qui l'avait renfermé, et se rendirent chez le joaillier, dont le nom se trouvait dedans. Il consulta ses livres :

« Ce n'est pas moi, madame, qui ai vendu cette rivière ; j'ai
215 dû seulement fournir l'écrin. »

Alors ils allèrent de bijoutier en bijoutier, cherchant une parure pareille à l'autre, Ils trouvèrent, dans une boutique du Palais Royal[1], un chapelet de diamants qui leur parut entièrement semblable à celui qu'ils cherchaient. Il valait
220 quarante mille francs. On le leur laisserait à trente-six mille.

Ils prièrent donc le joaillier de ne pas le vendre avant trois jours. Et ils firent condition qu'on le reprendrait pour

---

1. *Palais Royal* : situé dans le 1er arrondissement de Paris, près du Louvre, sur la rue Saint-Honoré. À l'époque de Maupassant, c'était déjà un lieu bien connu pour ses riches boutiques et ses promenades fréquentées par une clientèle fortunée.

trente-quatre mille francs, si le premier était retrouvé avant
la fin de février.

225   Loisel possédait dix-huit mille francs que lui avait laissés
son père. Il emprunterait le reste.

Il emprunta, demandant mille francs à l'un, cinq cents à
l'autre, cinq louis par-ci, trois louis par-là. Il fit des billets[1],
prit des engagements ruineux, eut affaire aux usuriers, à toutes
230   les races de prêteurs. Il compromit toute la fin de son existence, risqua sa signature sans savoir même s'il pourrait y faire
honneur, et, épouvanté par les angoisses de l'avenir, par la
noire misère qui allait s'abattre sur lui, par la perspective de
toutes les privations physiques et de toutes les tortures mo-
235   rales, il alla chercher la rivière nouvelle, en déposant sur le
comptoir du marchand trente-six mille francs.

Quand Mme Loisel reporta la parure à Mme Forestier, celle-
ci lui dit, d'un air froissé :

« Tu aurais dû me la rendre plus tôt, car je pouvais en avoir
240   besoin. »

Elle n'ouvrit pas l'écrin, ce que redoutait son amie. Si elle
s'était aperçue de la substitution, qu'aurait-elle pensé ?
Qu'aurait-elle dit ? Ne l'aurait-elle pas prise pour une voleuse ?

Mme Loisel connut la vie horrible des nécessiteux. Elle prit
245   son parti, d'ailleurs, tout d'un coup, héroïquement. Il fallait
payer cette dette effroyable. Elle payerait. On renvoya la
bonne ; on changea de logement ; on loua sous les toits une
mansarde.

Elle connut les gros travaux du ménage, les odieuses
250   besognes de la cuisine. Elle lava la vaisselle, usant ses ongles
roses sur les poteries grasses et le fond des casseroles. Elle
savonna le linge sale, les chemises et les torchons, qu'elle
faisait sécher sur une corde ; elle descendit à la rue, chaque

---

1. *billets* : « II. 1. Comm. Promesse écrite, engagement de payer une certaine somme. »
(*Le Petit Robert 1*)

matin, les ordures, et monta l'eau, s'arrêtant à chaque étage
255 pour souffler. Et, vêtue comme une femme du peuple, elle alla
chez le fruitier, chez l'épicier, chez le boucher, le panier au bras,
marchandant, injuriée, défendant sou à sou son misérable
argent.

Il fallait chaque mois payer des billets, en renouveler
260 d'autres, obtenir du temps.

Le mari travaillait, le soir, à mettre au net les comptes d'un
commerçant, et la nuit, souvent, il faisait de la copie à cinq
sous la page.

Et cette vie dura dix ans.

265 Au bout de dix ans, ils avaient tout restitué, tout, avec le
taux de l'usure, et l'accumulation des intérêts superposés[1].

Mme Loisel semblait vieille, maintenant. Elle était devenue
la femme forte, et dure, et rude, des ménages pauvres. Mal
peignée, avec les jupes de travers et les mains rouges, elle par-
270 lait haut, lavait à grande eau les planchers. Mais parfois,
lorsque son mari était au bureau, elle s'asseyait auprès de la
fenêtre, et elle songeait à cette soirée d'autrefois, à ce bal où
elle avait été si belle et si fêtée.

Que serait-il arrivé si elle n'avait point perdu cette parure ?
275 Qui sait ? qui sait ? Comme la vie est singulière, changeante !
Comme il faut peu de chose pour vous perdre ou vous
sauver !

Or, un dimanche, comme elle était allée faire un tour aux
Champs-Elysées pour se délasser des besognes de la semaine,
280 elle aperçut tout à coup une femme qui promenait un enfant.
C'était Mme Forestier, toujours jeune, toujours belle, toujours
séduisante.

Mme Loisel se sentit émue. Allait-elle lui parler ? Oui, certes.
Et maintenant qu'elle avait payé, elle lui dirait tout. Pourquoi
285 pas ?

---

1. *intérêts superposés* : nous dirions aujourd'hui « des intérêts composés ».

Elle s'approcha.

« Bonjour, Jeanne. »

L'autre ne la reconnaissait point, s'étonnant d'être appelée ainsi familièrement par cette bourgeoise. Elle balbutia :

290   « Mais… madame !… Je ne sais… Vous devez vous tromper.

— Non. Je suis Mathilde Loisel. »

Son amie poussa un cri :

« Oh !… ma pauvre Mathilde, comme tu es changée !…

— Oui, j'ai eu des jours bien durs, depuis que je ne t'ai vue ;

295   et bien des misères… et cela à cause de toi !…

— De moi . . . Comment ça ?

— Tu te rappelles bien cette rivière de diamants que tu m'as prêtée pour aller à la fête du Ministère.

— Oui. Eh bien ?

300   — Eh bien, je l'ai perdue.

— Comment ! puisque tu me l'as rapportée.

— Je t'en ai rapporté une autre toute pareille. Et voilà dix ans que nous la payons. Tu comprends que ça n'était pas aisé pour nous, qui n'avions rien… Enfin c'est fini, et je suis

305   rudement contente. »

Mme Forestier s'était arrêtée.

« Tu dis que tu as acheté une rivière de diamants pour remplacer la mienne ?

— Oui. Tu ne t'en étais pas aperçue, hein ? Elles étaient bien

310   pareilles. »

Et elle souriait d'une joie orgueilleuse et naïve.

Mme Forestier, fort émue, lui prit les deux mains.

« Oh ! ma pauvre Mathilde ! Mais la mienne était fausse. Elle valait au plus cinq cents francs !… »

Paru dans *Le Gaulois* le 17 février 1884.

Le baptême

Devant la porte de la ferme, les hommes endimanchés attendaient. Le soleil de mai versait sa claire lumière sur les pommiers épanouis, ronds comme d'immenses bouquets blancs, roses et parfumés, et qui mettaient sur la cour entière 5 un toit de fleurs. Ils semaient sans cesse autour d'eux une neige de pétales menus, qui voltigeaient et tournoyaient en tombant dans l'herbe haute, où les pissenlits brillaient comme des flammes, où les coquelicots semblaient des gouttes de sang.

Une truie somnolait sur le bord du fumier, le ventre énorme, 10 les mamelles gonflées, tandis qu'une troupe de petits porcs tournaient autour, avec leur queue roulée comme une corde.

Tout à coup, là-bas, derrière les arbres des fermes, la cloche de l'église tinta. Sa voix de fer jetait dans le ciel joyeux son appel faible et lointain. Des hirondelles filaient comme des 15 flèches à travers l'espace bleu qu'enfermaient les grands hêtres immobiles. Une odeur d'étable passait parfois, mêlée au souffle doux et sucré des pommiers.

Un des hommes debout devant la porte se tourna vers la maison et cria :

20 « Allons, allons, Mélina, v'là que ça sonne ! »

Il avait peut-être trente ans. C'était un grand paysan, que les longs travaux des champs n'avaient point encore courbé ni déformé. Un vieux, son père, noueux comme un tronc de chêne, avec des poignets bossués et des jambes torses[1], 25 déclara :

« Les femmes, c'est jamais prêt, d'abord[2]. »

Les deux autres fils du vieux se mirent à rire, et l'un, se tournant vers le frère aîné, qui avait appelé le premier, lui dit :

« Va les quérir, Polyte. All' viendront point avant midi. »

---

1. *torses* : voir *tors* dans *Le Petit Robert 1*, sens 2 : « Qui est tordu, présente des courbes anormales (parties du corps). ⇒ difforme, tordu. »

2. *d'abord* : locution adverbiale servant à renforcer une affirmation. On l'emploie couramment dans la langue familière parlée au Québec.

30   Et le jeune homme entra dans sa demeure.

Une bande de canards arrêtée près des paysans se mit à crier en battant des ailes ; puis ils partirent vers la mare de leur pas lent et balancé.

Alors, sur la porte demeurée ouverte, une grosse femme
35   parut qui portait un enfant de deux mois. Les brides blanches de son haut bonnet[1] lui pendaient sur le dos, retombant sur un châle rouge, éclatant comme un incendie, et le moutard, enveloppé de linges blancs, reposait sur le ventre en bosse de la garde[2].

40   Puis la mère, grande et forte, sortit à son tour, à peine âgée de dix-huit ans, fraîche et souriante, tenant le bras de son homme. Et les deux grand-mères vinrent ensuite, fanées ainsi que de vieilles pommes, avec une fatigue évidente dans leurs reins forcés, tournés depuis longtemps par les patientes et
45   rudes besognes. Une d'elles était veuve ; elle prit le bras du grand-père, demeuré devant la porte, et ils partirent en tête du cortège, derrière l'enfant et la sage-femme. Et le reste de la famille se mit en route à la suite. Les plus jeunes portaient des sacs de papier pleins de dragées[3].

50   Là-bas, la petite cloche sonnait sans repos, appelant de toute sa force le frêle marmot attendu. Des gamins montaient sur les fossés ; des gens apparaissaient aux barrières ; des filles de ferme restaient debout entre deux seaux pleins de lait qu'elles posaient à terre pour regarder le baptême.

55   Et la garde, triomphante, portait son fardeau vivant, évitait les flaques d'eau dans les chemins creux, entre les talus plantés d'arbres. Et les vieux venaient avec cérémonie, marchant un peu de travers, vu l'âge et les douleurs ; et les jeunes avaient envie de danser, et ils regardaient les filles qui venaient

---

1. *haut bonnet* : coiffe féminine paysanne en tissu ; elle est aujourd'hui folklorique.

2. *garde* : le mot est entendu au sens de « sage-femme », comme il est confirmé au paragraphe suivant.

3. *dragées* : confiseries traditionnelles offertes à l'occasion d'un baptême. Elles sont bleues ou roses selon le sexe du nouveau-né.

60   les voir passer ; et le père et la mère allaient gravement, plus
     sérieux, suivant cet enfant qui les remplacerait, plus tard, dans
     la vie, qui continuerait dans le pays leur nom, le nom des
     Dentu, bien connu par le canton.

     Ils débouchèrent dans la plaine et prirent à travers les
65   champs pour éviter le long détour de la route.

     On apercevait l'église maintenant, avec son clocher pointu.
     Une ouverture le traversait juste au-dessous du toit d'ardoises ;
     et quelque chose remuait là-dedans, allant et venant d'un mou-
     vement vif, passant et repassant derrière l'étroite fenêtre. C'était
70   la cloche qui sonnait toujours, criant au nouveau-né de venir,
     pour la première fois, dans la maison du Bon Dieu.

     Un chien s'était mis à suivre. On lui jetait des dragées, il
     gambadait autour des gens.

     La porte de l'église était ouverte. Le prêtre, un grand
75   garçon à cheveux rouges, maigre et fort, un Dentu aussi, lui,
     oncle du petit, encore un frère du père, attendait devant
     l'autel. Et il baptisa suivant les rites son neveu Prosper-César,
     qui se mit à pleurer en goûtant le sel symbolique[1].

     Quand la cérémonie fut achevée, la famille demeura sur le
80   seuil pendant que l'abbé quittait son surplis ; puis on se remit
     en route. On allait vite maintenant, car on pensait au dîner.
     Toute la marmaille du pays suivait, et, chaque fois qu'on lui
     jetait une poignée de bonbons, c'était une mêlée furieuse, des
     luttes corps à corps, des cheveux arrachés ; et le chien aussi
85   se jetait dans le tas pour ramasser les sucreries, tiré par la
     queue, par les oreilles, par les pattes, mais plus obstiné que
     les gamins.

     La garde, un peu lasse, dit à l'abbé, qui marchait auprès
     d'elle :

---

1. *sel symbolique* : du Moyen Âge au concile de Vatican II, le prêtre, lors du baptême,
mettait dans la bouche de l'enfant un peu de sel bénit en disant : « Recevez le sel de
la sagesse : qu'il vous purifie pour la vie éternelle. »

90   « Dites donc, m'sieu le curé, si ça ne vous opposait pas[1] de
m' tenir un brin vot' neveu pendant que je m' dégourdirai.
J'ai quasiment une crampe dans les estomacs. »

Le prêtre prit l'enfant, dont la robe blanche faisait une
grande tache éclatante sur la soutane noire, et il l'embrassa,
95   gêné par ce léger fardeau, ne sachant comment le tenir, comment le poser. Tout le monde se mit à rire. Une des grands-
mères demanda de loin :

« Ça ne t' fait-il point deuil[2], dis, l'abbé, qu' tu n'en auras
jamais de comme ça ? »

100   Le prêtre ne répondit pas. Il allait à grandes enjambées,
regardant fixement le moutard aux yeux bleus, dont il avait
envie d'embrasser encore les joues rondes. Il n'y tint plus, et,
le levant jusqu'à son visage, il le baisa longuement.

Le père cria :

105   « Dis donc, curé, si t'en veux un, t'as qu'à le dire. »

Et on se mit à plaisanter, comme plaisantent les gens des
champs.

Dès qu'on fut assis à table, la lourde gaieté campagnarde
éclata comme une tempête. Les deux autres fils allaient aussi
110   se marier ; leurs fiancées étaient là, arrivées seulement pour
le repas ; et les invités ne cessaient de lancer des allusions à
toutes les générations futures que promettaient ces unions.

C'étaient des gros mots, fortement salés, qui faisaient ricaner
les filles rougissantes et se tordre les hommes. Ils tapaient du
115   poing sur la table, poussaient des cris. Le père et le grand-père
ne tarissaient point en propos polissons. La mère souriait ;
les vieilles prenaient leur part de joie et lançaient aussi des
gaillardises.

Le curé, habitué à ces débauches paysannes, restait tran-
120   quille, assis à côté de la garde, agaçant du doigt la petite

---

1. *si ça ne vous opposait pas* : l'expression, ici, a le sens de « si ça ne vous dérangeait pas ».

2. *Ça ne t' fait-il point deuil* : « cela ne te fait-il pas de la peine, ne te cause-t-il pas du chagrin » ; variante de la locution familière *faire son deuil de quelque chose* : y renoncer, se résigner à en être privé.

bouche de son neveu pour le faire rire. Il semblait surpris par
la vue de cet enfant, comme s'il n'en avait jamais aperçu. Il
le considérait avec une attention réfléchie, avec une gravité
songeuse, avec une tendresse éveillée au fond de lui, une ten-
125 dresse inconnue, singulière, vive et un peu triste, pour ce petit
être fragile qui était le fils de son frère.

Il n'entendait rien, il ne voyait rien, il contemplait l'enfant.
Il avait envie de le prendre encore sur ses genoux, car il gardait, sur sa poitrine et dans son cœur, la sensation douce de
130 l'avoir porté tout à l'heure, en revenant de l'église. Il restait
ému devant cette larve d'homme comme devant un mystère
ineffable auquel il n'avait jamais pensé, un mystère auguste
et saint, l'incarnation d'une âme nouvelle, le grand mystère
de la vie qui commence, de l'amour qui s'éveille, de la race
135 qui se continue, de l'humanité qui marche toujours.

La garde mangeait, la face rouge, les yeux luisants, gênée
par le petit qui l'écartait de la table.

L'abbé lui dit :

« Donnez-le-moi. Je n'ai pas faim. »

140 Et il reprit l'enfant. Alors tout disparut autour de lui, tout
s'effaça ; et il restait les yeux fixés sur cette figure rose et bouf-
fie ; et peu à peu, la chaleur du petit corps, à travers les langes
et le drap de la soutane, lui gagnait les jambes, le pénétrait
comme une caresse très légère, très bonne, très chaste, une
145 caresse délicieuse qui lui mettait des larmes aux yeux.

Le bruit des mangeurs devenait effrayant. L'enfant, agacé
par ces clameurs, se mit à pleurer.

Une voix s'écria :

« Dis donc, l'abbé, donne-lui à téter. »

150 Et une explosion de rires secoua la salle. Mais la mère s'était
levée ; elle prit son fils et l'emporta dans la chambre voisine.
Elle revint au bout de quelques minutes en déclarant qu'il dormait tranquillement dans son berceau.

Et le repas continua. Hommes et femmes sortaient de temps
155 en temps dans la cour, puis rentraient se mettre à table. Les

viandes, les légumes, le cidre et le vin s'engouffraient dans les bouches, gonflaient les ventres, allumaient les yeux, faisaient délirer les esprits.

La nuit tombait quand on prit le café. Depuis longtemps
160 le prêtre avait disparu, sans qu'on s'étonnât de son absence.

La jeune mère enfin se leva pour aller voir si le petit dormait toujours. Il faisait sombre à présent. Elle pénétra dans la chambre à tâtons ; et elle avançait, les bras étendus, pour ne point heurter de meuble. Mais un bruit singulier l'arrêta
165 net ; et elle ressortit effarée, sûre d'avoir entendu remuer quelqu'un. Elle rentra dans la salle, fort pâle, tremblante, et raconta la chose. Tous les hommes se levèrent en tumulte, gris et menaçants ; et le père, une lampe à la main, s'élança.

L'abbé, à genoux près du berceau, sanglotait, le front sur
170 l'oreiller où reposait la tête de l'enfant.

Paru dans *Le Gaulois* le 14 janvier 1884.

Coco

Dans tout le pays environnant, on appelait la ferme des Lucas « la **Métairie** ». On n'aurait su dire pourquoi. Les paysans, sans doute, attachaient à ce mot « métairie » une idée de richesse et de grandeur, car cette ferme était assurément
5 la plus vaste, la plus **opulente** et la plus ordonnée de la contrée.

La cour, immense, entourée de cinq rangs d'arbres magnifiques pour abriter contre le vent violent de la plaine les pommiers trapus et délicats, enfermait de longs bâtiments couverts en tuiles pour conserver les fourrages et les grains, de belles
10 étables bâties en silex, des écuries pour trente chevaux, et une maison d'habitation en brique rouge qui ressemblait à un petit château.

Les fumiers étaient bien tenus ; les chiens de garde habitaient en des niches, un peuple de volailles circulait dans
15 l'herbe haute.

Chaque midi, quinze personnes, maîtres, valets et servantes, prenaient place autour de la longue table de cuisine où fumait la soupe dans un grand vase de faïence à fleurs bleues.

Les bêtes, chevaux, vaches, porcs et moutons, étaient
20 grasses, soignées et propres ; et maître Lucas, un grand homme qui prenait du ventre, faisait sa ronde trois fois par jour, veillant sur tout et pensant à tout.

On conservait, par charité, dans le fond de l'écurie, un très vieux cheval blanc que la maîtresse voulait nourrir jusqu'à sa
25 mort naturelle, parce qu'elle l'avait élevé, gardé toujours, et qu'il lui rappelait des souvenirs.

Un **goujat**[1] de quinze ans, nommé Isidore Duval, et appelé plus simplement Zidore, prenait soin de cet invalide, lui donnait, pendant l'hiver, sa mesure d'avoine et son fourrage, et

---

1. *goujat* : n. m. « Valet de ferme. » (*Littré*) « Homme mal élevé et grossier. Ce mot signifiait autrefois "valet d'armée". » (*Dictionnaire de L'Académie française*, 8e éd. [1932-5])

Coco, le cheval.

© Dessin de Clémence Laliberté.

30 devait aller quatre fois par jour, en été, le déplacer dans la côte
où on l'attachait, afin qu'il eût en abondance de l'herbe fraîche.

L'animal, presque perclus, levait avec peine ses jambes
lourdes, **grosses** des genoux et enflées au-dessus des sabots.
Ses poils, qu'on n'étrillait plus jamais, avaient l'air de cheveux
35 blancs, et des cils très longs donnaient à ses yeux un air triste.

Quand Zidore le menait à l'herbe, il lui fallait tirer sur la
corde, tant la bête allait lentement ; et le gars, courbé, haletant, jurait contre elle, s'exaspérant d'avoir à soigner cette vieille
rosse.

40 Les gens de la ferme, voyant cette colère du goujat contre
Coco, s'en amusaient, parlaient sans cesse du cheval à Zidore
pour exaspérer le gamin. Ses camarades le **plaisantaient**. On
l'appelait dans le village Coco-Zidore.

Le gars rageait, sentant naître en lui le désir de se venger
45 du cheval. C'était un maigre enfant haut sur jambes, très sale,
coiffé de cheveux roux épais, durs et hérissés. Il semblait stupide, parlait en bégayant, avec une peine infinie, comme si les
idées n'eussent pu se former dans son **âme** épaisse de **brute**.

Depuis longtemps déjà, il s'étonnait qu'on gardât Coco,
50 s'indignant de voir perdre du bien pour cette bête inutile. Du
moment qu'elle ne travaillait plus, il lui semblait injuste de
la nourrir, il lui semblait révoltant de gaspiller de l'avoine, de
l'avoine qui coûtait si cher, pour ce **bidet** paralysé. Et souvent
même, malgré les ordres de maître Lucas, il économisait sur
55 la nourriture du cheval, ne lui versant qu'une demi-mesure,
ménageant sa litière et son foin. Et une haine grandissait en
son esprit confus d'enfant, une haine de paysan rapace, de
paysan sournois, féroce, brutal et lâche.

Lorsque revint l'été, il lui fallut aller *remuer* la bête dans sa
60 côte. C'était loin. Le goujat, plus furieux chaque matin, partait de son pas lourd à travers les blés. Les hommes qui tra-
vaillaient dans les terres lui criaient, par plaisanterie :

« Hé Zidore, tu f'ras mes **compliments** à Coco. »

Il ne répondait point ; mais il cassait, en passant, une
65   baguette dans une haie et, dès qu'il avait déplacé l'attache du
vieux cheval, il le laissait se remettre à brouter ; puis, approchant traîtreusement, il lui cinglait les jarrets. L'animal essayait
de fuir, de ruer, d'échapper aux coups, et il tournait au bout
de sa corde comme s'il eût été enfermé dans une **piste**. Et le
70   gars le frappait avec rage, courant derrière, acharné, les dents
serrées par la colère.

Puis il s'en allait lentement, sans se retourner, tandis que
le cheval le regardait partir de son œil de vieux, les côtes
saillantes, essoufflé d'avoir trotté. Et il ne rebaissait vers l'herbe
75   sa tête osseuse et blanche qu'après avoir vu disparaître au loin
la blouse bleue du jeune paysan.

Comme les nuits étaient chaudes, on laissait maintenant
Coco coucher dehors, là-bas, au bord de la ravine, derrière
le bois. Zidore seul allait le voir.

80   L'enfant s'amusait encore à lui jeter des pierres. Il s'asseyait
à dix pas de lui, sur un talus, et il restait là une demi-heure,
lançant de temps en temps un caillou tranchant au bidet, qui
demeurait debout, enchaîné devant son ennemi, et le regardant sans cesse, sans oser paître avant qu'il fût reparti.

85   Mais toujours cette pensée restait plantée dans l'esprit du
goujat : « Pourquoi nourrir ce cheval qui ne faisait plus rien ? »
Il lui semblait que cette misérable rosse volait le manger des
autres, volait l'avoir des hommes, le bien du bon Dieu, le
volait même aussi, lui, Zidore, qui travaillait.

90   Alors, peu à peu, chaque jour, le gars diminua la bande de
pâturage qu'il lui donnait en avançant le piquet de bois où
était fixée la corde.

La bête jeûnait, maigrissait, dépérissait. Trop faible pour casser son attache, elle tendait la tête vers la grande herbe verte
95   et luisante, si proche, et dont l'odeur lui venait sans qu'elle
y pût toucher.

Mais, un matin, Zidore eut une idée : c'était de ne plus remuer Coco. Il en avait assez d'aller si loin pour cette **carcasse**.

Il vint cependant, pour savourer sa vengeance. La bête
inquiète le regardait. Il ne la battit pas ce jour-là. Il tournait
autour, les mains dans les poches. Même il fit mine de la changer de place, mais il enfonça le piquet juste dans le même trou,
et il s'en alla, enchanté de son invention.

Le cheval, le voyant partir, hennit pour le rappeler ; mais le
goujat se mit à courir, le laissant seul, tout seul dans son val-
lon, bien attaché, et sans un brin d'herbe à portée de la mâchoire.

Affamé, il essaya d'atteindre la grasse verdure qu'il touchait
du bout de ses naseaux. Il se mit sur les genoux, tendant le
cou, allongeant ses grandes lèvres baveuses. Ce fut en vain.
Tout le jour, elle s'épuisa, la vieille bête, en efforts inutiles, en
efforts terribles. La faim la dévorait, rendue plus affreuse par
la vue de toute la verte nourriture qui s'étendait sur l'horizon.

Le goujat ne revint point ce jour-là. Il vagabonda par les
bois pour chercher des nids.

Il reparut le lendemain. Coco, exténué, s'était couché. Il se
leva en apercevant l'enfant, attendant enfin d'être changé de
place.

Mais le petit paysan ne toucha même pas au maillet jeté
dans l'herbe. Il s'approcha, regarda l'animal, lui lança dans le
nez une motte de terre qui s'écrasa sur le poil blanc, et il
repartit en sifflant.

Le cheval resta debout tant qu'il put l'apercevoir encore ;
puis, sentant bien que ses tentatives pour atteindre l'herbe voisine seraient inutiles, il s'étendit de nouveau sur le flanc et
ferma les yeux.

Le lendemain, Zidore ne vint pas.

Quand il approcha, le jour suivant, de Coco toujours
étendu, il s'aperçut qu'il était mort.

Alors il demeura debout, le regardant, content de son
œuvre, étonné en même temps que ce fût déjà fini. Il le toucha du pied, leva une de ses jambes, puis la laissa retomber,
s'assit dessus, et resta là, les yeux fixés dans l'herbe et sans
penser à rien.

Il revint à la ferme, mais il ne dit pas l'accident, car il vou-
135 lait vagabonder encore aux heures où, d'ordinaire, il allait
changer de place le cheval.

Il alla le voir le lendemain. Des corbeaux s'envolèrent à son
approche. Des mouches innombrables se promenaient sur le
cadavre et bourdonnaient à l'entour.

140 En rentrant, il annonça la chose. La bête était si vieille que
personne ne s'étonna. Le maître dit à deux valets :

« Prenez vos pelles, vous f'rez un trou là ousqu'il est. »

Et les hommes enfouirent le cheval juste à la place où il était
mort de faim.

145 Et l'herbe poussa drue, verdoyante, vigoureuse, nourrie par
le pauvre corps.

Paru dans *Le Gaulois* le 21 janvier 1884.

Un cheval tirant un train de berlines et des piqueurs au travail dans une mine, au XIXe siècle. Gravure.

© Collection Roger-Viollet. / RV-325697A.

La mère Sauvage

I

Je n'étais point revenu à Virelogne depuis quinze ans. J'y retournai chasser, à l'automne, chez mon ami Serval, qui avait enfin fait reconstruire son château, détruit par les Prussiens[1].

J'aimais ce pays infiniment. Il est des coins du monde
5 délicieux qui ont pour les yeux un charme sensuel. On les aime d'un amour physique. Nous gardons, nous autres que séduit la terre, des souvenirs tendres pour certaines sources, certains bois, certains étangs, certaines collines, vus souvent et qui nous ont attendris à la façon des événements heureux.
10 Quelquefois même la pensée retourne vers un coin de forêt, ou un bout de berge, ou un verger poudré de fleurs, aperçus une seule fois, par un jour gai, et restés en notre cœur comme ces images de femmes rencontrées dans la rue, un matin de printemps, avec une toilette claire et transparente, et qui nous
15 laissent dans l'âme et dans la chair un désir inapaisé, inoubliable, la sensation du bonheur coudoyé.

À Virelogne, j'aimais toute la campagne, semée de petits bois et traversée par des ruisseaux qui couraient dans le sol comme des veines, portant le sang à la terre. On pêchait là-dedans
20 des écrevisses, des truites et des anguilles ! Bonheur divin ! On pouvait se baigner par places[2], et on trouvait souvent des bécassines dans les hautes herbes qui poussaient sur les bords de ces minces cours d'eau.

J'allais, léger comme une chèvre, regardant mes deux chiens
25 fourrager devant moi. Serval, à cent mètres sur ma droite, battait un champ de luzerne. Je tournai les buissons qui forment la limite du bois des Saudres, et j'aperçus une chaumière en ruines.

---

1. *détruit par les Prussiens* : allusion à la guerre franco-prussienne de 1870-1871, qui sert d'ailleurs de contexte à la deuxième partie du récit.

2. *par places* : par endroits.

Tout à coup, je me la rappelai telle que je l'avais vue pour
30 la dernière fois, en 1869, propre, vêtue de vignes, avec des
poules devant la porte. Quoi de plus triste qu'une maison
morte, avec son squelette debout, délabré, sinistre ?

Je me rappelai aussi qu'une bonne femme m'avait fait boire
un verre de vin là-dedans, un jour de grande fatigue, et que
35 Serval m'avait dit alors l'histoire des habitants. Le père, vieux
braconnier, avait été tué par les gendarmes. Le fils, que j'avais
vu autrefois, était un grand garçon sec qui passait également
pour un féroce destructeur de gibier. On les appelait les
Sauvage.

40 Était-ce un nom ou un sobriquet ?

Je hélai Serval. Il s'en vint de son long pas d'échassier.

Je lui demandai :

« Que sont devenus les gens de là ? »

Et il me conta cette aventure.

II

45 Lorsque la guerre fut déclarée, le fils Sauvage, qui avait alors
trente-trois ans, s'engagea, laissant la mère seule au logis. On
ne la plaignait pas trop, la vieille, parce qu'elle avait de
l'argent, on le savait.

Elle resta donc toute seule dans cette maison isolée si loin
50 du village, sur la lisière du bois. Elle n'avait pas peur, du reste,
étant de la même race que ses hommes, une rude vieille, haute
et maigre, qui ne riait pas souvent et avec qui on ne plaisantait
point. Les femmes des champs ne rient guère d'ailleurs. C'est
affaire aux hommes, cela ! Elles ont l'âme triste et bornée, ayant
55 une vie morne et sans éclaircie. Le paysan apprend un peu
de gaieté bruyante au cabaret, mais sa compagne reste sérieuse
avec une physionomie constamment sévère. Les muscles de
leur face n'ont point appris les mouvements du rire.

La mère Sauvage continua son existence ordinaire dans sa
60 chaumière, qui fut bientôt couverte par les neiges. Elle s'en
venait au village, une fois par semaine, chercher du pain et

Saint-Symphorien-des-Monts (Manche). Une vieille chaumière normande.

un peu de viande ; puis elle retournait dans sa masure. Comme
on parlait des loups, elle sortait le fusil au dos, le fusil du fils,
rouillé, avec la crosse usée par le frottement de la main ; et elle
65   était curieuse à voir, la grande Sauvage, un peu courbée,
allant à lentes enjambées par la neige, le canon de l'arme
dépassant la coiffe noire qui lui serrait la tête et emprisonnait
ses cheveux blancs, que personne n'avait jamais vus.

    Un jour les Prussiens arrivèrent. On les distribua aux ha-
70   bitants[1], selon la fortune et les ressources de chacun. La vieille,
qu'on savait riche, en eut quatre.

    C'étaient quatre gros garçons à la chair blonde, à la barbe
blonde, aux yeux bleus, demeurés gras malgré les fatigues
qu'ils avaient endurées déjà, et bons enfants, bien qu'en pays
75   conquis. Seuls chez cette femme âgée, ils se montrèrent pleins
de prévenances pour elle, lui épargnant, autant qu'ils le pouvaient, des fatigues et des dépenses. On les voyait tous les
quatre faire leur toilette autour du puits, le matin, en
manches de chemise, mouillant à grande eau, dans le jour cru
80   des neiges, leur chair blanche et rose d'hommes du Nord,
tandis que la mère Sauvage allait et venait, préparant la soupe.
Puis on les voyait nettoyer la cuisine, frotter les carreaux,
casser du bois, éplucher les pommes de terre, laver le linge,
accomplir toutes les besognes de la maison, comme quatre
85   bons fils autour de leur mère.

    Mais elle pensait sans cesse au sien, la vieille, à son grand
maigre au nez crochu, aux yeux bruns, à la forte moustache
qui faisait sur sa lèvre un bourrelet de poils noirs. Elle demandait chaque jour, à chacun des soldats installés à son foyer :
90   « Savez-vous où est parti le régiment français, vingt-troisième
de marche ? Mon garçon est dedans. »

    Ils répondaient : « Non, bas su, bas savoir tu tout. » Et, com-
prenant sa peine et ses inquiétudes, eux qui avaient des mères

---

1. *On les distribua aux habitants* : il était de coutume, pour une armée d'occupation, d'imposer aux habitants conquis l'hébergement de certains de ses soldats.

là-bas, ils lui rendaient mille petits soins. Elle les aimait bien,
95   d'ailleurs, ses quatre ennemis ; car les paysans n'ont guère les
haines patriotiques ; cela n'appartient qu'aux classes supérieures. Les humbles, ceux qui paient le plus parce qu'ils sont
pauvres et que toute charge nouvelle les accable, ceux qu'on
tue par masses, qui forment la vraie chair à canon, parce qu'ils
100 sont le nombre, ceux qui souffrent enfin le plus cruellement
des atroces misères de la guerre, parce qu'ils sont les plus
faibles et les moins résistants, ne comprennent guère ces ardeurs belliqueuses, ce point d'honneur excitable et ces prétendues combinaisons politiques qui épuisent en six mois
105 deux nations, la victorieuse comme la vaincue.

On disait dans le pays, en parlant des Allemands de la mère
Sauvage : « En v'là quatre qu'ont trouvé leur gîte. »

Or, un matin, comme la vieille femme était seule au logis,
elle aperçut au loin dans la plaine un homme qui venait vers
110 sa demeure. Bientôt elle le reconnut, c'était le piéton[1] chargé
de distribuer les lettres. Il lui remit un papier plié et elle tira
de son étui les lunettes dont elle se servait pour coudre ; puis
elle lut :

« Madame Sauvage, la présente est pour vous porter une
115 triste nouvelle. Votre garçon Victor a été tué hier par un boulet, qui l'a censément coupé en deux parts. J'étais tout près,
vu que nous nous trouvions côte à côte dans la compagnie
et qu'il me parlait de vous pour vous prévenir au jour même
s'il lui arrivait malheur.

120 « J'ai pris dans sa poche sa montre pour vous la reporter
quand la guerre sera finie.

« Je vous salue amicalement.

« Césaire Rivot,
« Soldat de 2e classe au 23e de marche. »

125 La lettre était datée de trois semaines.

---

1. *piéton* : « facteur rural ». (*Littré*)

Elle ne pleurait point. Elle demeurait immobile, tellement saisie, hébétée, qu'elle ne souffrait même pas encore. Elle pensait : « V'là Victor qu'est tué, maintenant. » Puis peu à peu les larmes montèrent à ses yeux, et la douleur envahit son cœur.

30 Les idées lui venaient une à une, affreuses, torturantes. Elle ne l'embrasserait plus, son enfant, son grand, plus jamais ! Les gendarmes avaient tué le père, les Prussiens avaient tué le fils... Il avait été coupé en deux par un boulet. Et il lui semblait qu'elle voyait la chose, la chose horrible : la tête tombant, les

35 yeux ouverts, tandis qu'il mâchait le coin de sa grosse moustache, comme il faisait aux heures de colère.

Qu'est-ce qu'on avait fait de son corps, après ? Si seulement on lui avait rendu son enfant, comme on lui avait rendu son mari, avec sa balle au milieu du front ?

40 Mais elle entendit un bruit de voix. C'étaient les Prussiens qui revenaient du village. Elle cacha bien vite la lettre dans sa poche et elle les reçut tranquillement avec sa figure ordinaire, ayant eu le temps de bien essuyer ses yeux.

Ils riaient tous les quatre, enchantés, car ils rapportaient

45 un beau lapin, volé sans doute, et ils faisaient signe à la vieille qu'on allait manger quelque chose de bon.

Elle se mit tout de suite à la besogne pour préparer le déjeuner ; mais, quand il fallut tuer le lapin, le cœur lui manqua. Ce n'était pas le premier, pourtant ! Un des soldats

50 l'assomma d'un coup de poing derrière les oreilles.

Une fois la bête morte, elle fit sortir le corps rouge de la peau ; mais la vue du sang qu'elle maniait, qui lui couvrait les mains, du sang tiède qu'elle sentait se refroidir et se coaguler, la faisait trembler de la tête aux pieds ; et elle voyait toujours son

55 grand coupé en deux, et tout rouge aussi, comme cet animal encore palpitant.

Elle se mit à table avec ses Prussiens, mais elle ne put manger, pas même une bouchée. Ils dévorèrent le lapin sans s'occuper d'elle. Elle les regardait de côté, sans parler, mû-

60 rissant une idée, et le visage tellement impassible qu'ils ne s'aperçurent de rien.

Tout à coup, elle demanda : « Je ne sais seulement point vos noms, et v'là un mois que nous sommes ensemble. » Ils comprirent, non sans peine, ce qu'elle voulait, et dirent leurs noms.
165 Cela ne lui suffisait pas ; elle se les fit écrire sur un papier, avec l'adresse de leurs familles, et, reposant ses lunettes sur son grand nez, elle considéra cette écriture inconnue, puis elle plia la feuille et la mit dans sa poche, par-dessus la lettre qui lui disait la mort de son fils.

170 Quand le repas fut fini, elle dit aux hommes :

« J' vas travailler pour vous. »

Et elle se mit à monter du foin dans le grenier où ils couchaient.

Ils s'étonnèrent de cette besogne ; elle leur expliqua qu'ils
175 auraient moins froid ; et ils l'aidèrent. Ils entassaient les bottes jusqu'au toit de paille ; et ils se firent ainsi une sorte de grande chambre avec quatre murs de fourrage, chaude et parfumée, où ils dormiraient à merveille.

Au dîner, un d'eux s'inquiéta de voir que la mère Sauvage
180 ne mangeait point encore. Elle affirma qu'elle avait des crampes. Puis elle alluma un bon feu pour se chauffer, et les quatre Allemands montèrent dans leur logis par l'échelle qui leur servait tous les soirs.

Dès que la trappe fut refermée, la vieille enleva l'échelle,
185 puis rouvrit sans bruit la porte du dehors, et elle retourna chercher des bottes de paille dont elle emplit sa cuisine. Elle allait nu-pieds, dans la neige, si doucement qu'on n'entendait rien. De temps en temps elle écoutait les ronflements sonores et inégaux des quatre soldats endormis.

190 Quand elle jugea suffisants ses préparatifs, elle jeta dans le foyer une des bottes, et, lorsqu'elle fut enflammée, elle l'éparpilla sur les autres, puis elle ressortit et regarda.

Une clarté violente illumina en quelques secondes tout l'intérieur de la chaumière, puis ce fut un brasier effroyable, un
195 gigantesque four ardent, dont la lueur jaillissait par l'étroite fenêtre et jetait sur la neige un éclatant rayon.

Puis un grand cri partit du sommet de la maison, puis ce fut une clameur de hurlements humains, d'appels déchirants d'angoisse et d'épouvante. Puis, la trappe s'étant écroulée à l'intérieur, un tourbillon de feu s'élança dans le grenier, perça le toit de paille, monta dans le ciel comme une immense flamme de torche ; et toute la chaumière flamba.

On n'entendait plus rien dedans que le crépitement de l'incendie, le craquement des murs, l'écroulement des poutres. Le toit tout à coup s'effondra, et la carcasse ardente de la demeure lança dans l'air, au milieu d'un nuage de fumée, un grand panache d'étincelles.

La campagne, blanche, éclairée par le feu, luisait comme une nappe d'argent teintée de rouge.

Une cloche, au loin, se mit à sonner.

La vieille Sauvage restait debout, devant son logis détruit, armée de son fusil, celui du fils, de crainte qu'un des hommes n'échappât.

Quand elle vit que c'était fini, elle jeta son arme dans le brasier. Une détonation retentit.

Des gens arrivaient, des paysans, des Prussiens.

On trouva la femme assise sur un tronc d'arbre, tranquille et satisfaite.

Un officier allemand, qui parlait le français comme un fils de France, lui demanda :

« Où sont vos soldats ? »

Elle tendit son bras maigre vers l'amas rouge de l'incendie qui s'éteignait, et elle répondit d'une voix forte :

« Là-dedans ! »

On se pressait autour d'elle. Le Prussien demanda :

« Comment le feu a-t-il pris ? »

Elle prononça :

« C'est moi qui l'ai mis. »

On ne la croyait pas, on pensait que le désastre l'avait soudain rendue folle. Alors, comme tout le monde l'entourait et l'écoutait, elle dit la chose d'un bout à l'autre, depuis l'arrivée de la lettre jusqu'au dernier cri des hommes flambés avec sa maison. Elle n'oublia pas un détail de ce qu'elle avait ressenti ni de ce qu'elle avait fait.

235   Quand elle eut fini, elle tira de sa poche deux papiers, et, pour les distinguer aux dernières lueurs du feu, elle ajusta encore ses lunettes, puis elle prononça, montrant l'un : « Ça, c'est la mort de Victor. » Montrant l'autre, elle ajouta, en désignant les ruines rouges d'un coup de tête : « Ça, c'est leurs noms pour

240   qu'on écrive chez eux. » Elle tendit tranquillement la feuille blanche à l'officier, qui la tenait par les épaules, et elle reprit :

« Vous écrirez comment c'est arrivé, et vous direz à leurs parents que c'est moi qui a fait ça. Victoire Simon, la Sauvage ! N'oubliez pas. »

245   L'officier criait des ordres en allemand. On la saisit, on la jeta contre les murs encore chauds de son logis. Puis douze hommes se rangèrent vivement en face d'elle, à vingt mètres. Elle ne bougea point. Elle avait compris ; elle attendait.

Un ordre retentit, qu'une longue détonation suivit aussi-

250   tôt. Un coup attardé partit tout seul, après les autres.

La vieille ne tomba point. Elle s'affaissa comme si on lui eût fauché les jambes.

L'officier prussien s'approcha. Elle était presque coupée en deux, et dans sa main crispée elle tenait sa lettre baignée de

255   sang.

Mon ami Serval ajouta :

« C'est par représailles que les Allemands ont détruit le château du pays, qui m'appartenait. »

Moi, je pensais aux mères des quatre doux garçons brûlés

260   là-dedans ; et à l'héroïsme atroce de cette autre mère, fusillée contre ce mur.

Et je ramassai une petite pierre, encore noircie par le feu.

Paru dans *Le Gaulois* le 3 mars 1884.

L'aventure de Walter Schnaffs

Depuis son entrée en France avec l'armée d'invasion, Walter Schnaffs se jugeait le plus malheureux des hommes. Il était gros, marchait avec peine, soufflait beaucoup et souffrait affreusement des pieds qu'il avait fort plats et fort gras. Il était
5 en outre pacifique et bienveillant, nullement magnanime ou sanguinaire, père de quatre enfants qu'il adorait et marié avec une jeune femme blonde, dont il regrettait désespérément chaque soir les tendresses, les petits soins et les baisers. Il aimait se lever tard et se coucher tôt, manger lentement de
10 bonnes choses et boire de la bière dans les brasseries. Il songeait en outre que tout ce qui est doux dans l'existence disparaît avec la vie ; et il gardait au cœur une haine épouvantable, instinctive et raisonnée en même temps, pour les canons, les fusils, les revolvers et les sabres, mais surtout pour les
15 baïonnettes, se sentant incapable de manœuvrer assez vivement cette arme rapide pour défendre son gros ventre.

Et, quand il se couchait sur la terre, la nuit venue, roulé dans son manteau à côté des camarades qui ronflaient, il pensait longuement aux siens laissés là-bas et aux dangers semés
20 sur sa route : « S'il était tué, que deviendraient les petits ? Qui donc les nourrirait et les élèverait ? À l'heure même, ils n'étaient pas riches, malgré les dettes qu'il avait contractées en partant pour leur laisser quelque argent. » Et Walter Schnaffs pleurait quelquefois.

25 Au commencement des batailles il se sentait dans les jambes de telles faiblesses qu'il se serait laissé tomber, s'il n'avait songé que toute l'armée lui passerait sur le corps. Le sifflement des balles hérissait le poil sur sa peau.

Depuis des mois il vivait ainsi dans la terreur et dans
30 l'angoisse.

Son corps d'armée s'avançait vers la Normandie ; et il fut un jour envoyé en reconnaissance avec un faible détachement

qui devait simplement explorer une partie du pays et se
replier ensuite. Tout semblait calme dans la campagne ; rien
35 n'indiquait une résistance préparée.

Or, les Prussiens descendaient avec tranquillité dans une
petite vallée que coupaient des ravins profonds, quand une
fusillade violente les arrêta net, jetant bas une vingtaine des
leurs; et une troupe de francs-tireurs, sortant brusquement
40 d'un petit bois grand comme la main, s'élança en avant, la
baïonnette au fusil.

Walter Schnaffs demeura d'abord immobile, tellement surpris et éperdu qu'il ne pensait même pas à fuir. Puis un désir
fou de détaler le saisit ; mais il songea aussitôt qu'il courait
45 comme une tortue en comparaison des maigres Français qui
arrivaient en bondissant comme un troupeau de chèvres.
Alors, apercevant à six pas devant lui un large fossé plein de
broussailles couvertes de feuilles sèches, il y sauta à pieds
joints, sans songer même à la profondeur, comme on saute
50 d'un pont dans une rivière.

Il passa, à la façon d'une flèche, à travers une couche épaisse
de lianes et de ronces aiguës qui lui déchirèrent la face et les
mains, et il tomba lourdement assis sur un lit de pierres.

Levant aussitôt les yeux, il vit le ciel par le trou qu'il avait
55 fait. Ce trou révélateur le pouvait dénoncer[1], et il se traîna avec
précaution, à quatre pattes, au fond de cette ornière, sous le
toit de branchages enlacés, allant le plus vite possible, en s'éloi-
gnant du lieu du combat. Puis il s'arrêta et s'assit de nouveau,
tapi comme un lièvre au milieu des hautes herbes sèches.

60 Il entendit pendant quelque temps encore des détonations,
des cris et des plaintes. Puis les clameurs de la lutte s'affai-
blirent, cessèrent. Tout redevint muet et calme.

Soudain quelque chose remua contre lui. Il eut un sursaut
épouvantable. C'était un petit oiseau qui, s'étant posé sur une

---

1. *le pouvait dénoncer* : voir la note 1, page 51.

65 branche, agitait des feuilles mortes. Pendant près d'une heure,
le cœur de Walter Schnaffs en battit à grands coups pressés.

La nuit venait, emplissant d'ombre le ravin. Et le soldat se
mit à songer. Qu'allait-il faire ? Qu'allait-il devenir ? Rejoindre
son armée ?… Mais comment ? Mais par où ? Et il lui faudrait
70 recommencer l'horrible vie d'angoisses, d'épouvantes, de
fatigues et de souffrances qu'il menait depuis le commencement de la guerre ! Non ! Il ne se sentait plus ce courage ! Il
n'aurait plus l'énergie qu'il fallait pour supporter les marches
et affronter les dangers de toutes les minutes.

75 Mais que faire ? Il ne pouvait rester dans ce ravin et s'y cacher jusqu'à la fin des hostilités. Non, certes. S'il n'avait pas
fallu manger, cette perspective ne l'aurait pas trop atterré ; mais
il fallait manger, manger tous les jours.

Et il se trouvait ainsi tout seul, en armes, en uniforme, sur
80 le territoire ennemi, loin de ceux qui le pouvaient défendre[1].
Des frissons lui couraient sur la peau.

Soudain il pensa : « Si seulement j'étais prisonnier ! » et son
cœur frémit de désir, d'un désir violent, immodéré, d'être prisonnier des Français. Prisonnier ! Il serait sauvé, nourri, logé,
85 à l'abri des balles et des sabres, sans appréhension possible,
dans une bonne prison bien gardée. Prisonnier ! Quel rêve !

Et sa résolution fut prise immédiatement :

« Je vais me constituer prisonnier. »

Il se leva, résolu à exécuter ce projet sans tarder d'une
90 minute. Mais il demeura immobile, assailli soudain par des
réflexions fâcheuses et par des terreurs nouvelles.

Où allait-il se constituer prisonnier ? Comment ? De quel
côté ? Et des images affreuses, des images de mort, se préci-
pitèrent dans son âme.

95 Il allait courir des dangers terribles en s'aventurant seul avec
son casque à pointe[2], par la campagne.

---

1. *le pouvaient défendre* : voir la note 1, page 51.

2. *casque à pointe* : ancien casque des soldats prussiens, qui avait fait son apparition en
   1842 par une décision du roi Frédéric-Guillaume IV de Prusse.

S'il rencontrait des paysans? Ces paysans, voyant un Prussien perdu, un Prussien sans défense, le tueraient comme un chien errant! Ils le massacreraient avec leurs
100 fourches, leurs pioches, leurs faux, leurs pelles! Ils en feraient une bouillie, une pâtée, avec l'acharnement des vaincus exaspérés.

S'il rencontrait des francs-tireurs[1]? Ces francs-tireurs, des enragés sans loi ni discipline, le fusilleraient pour s'amuser,
· 105 pour passer une heure, histoire de rire en voyant sa tête. Et il se croyait déjà appuyé contre un mur en face de douze canons de fusils, dont les petits trous ronds et noirs semblaient le regarder.

S'il rencontrait l'armée française elle-même? Les hommes
110 d'avant-garde le prendraient pour un éclaireur, pour quelque hardi et malin troupier parti seul en reconnaissance, et ils lui tireraient dessus. Et il entendait déjà les détonations irrégulières des soldats couchés dans les broussailles, tandis que lui, debout au milieu d'un champ, s'affaissait, troué comme une
115 écumoire par les balles qu'il sentait entrer dans sa chair.

Il se rassit, désespéré. Sa situation lui paraissait sans issue.

La nuit était tout à fait venue, la nuit muette et noire. Il ne bougeait plus, tressaillant à tous les bruits inconnus et légers qui passent dans les ténèbres. Un lapin, tapant du cul[2] au bord
120 d'un terrier, faillit faire s'enfuir Walter Schnaffs. Les cris des chouettes lui déchiraient l'âme, le traversant de peurs soudaines, douloureuses comme des blessures. Il écarquillait ses gros yeux pour tâcher de voir dans l'ombre; et il s'imaginait à tout moment entendre marcher près de lui.

125 Après d'interminables heures et des angoisses de damné, il aperçut, à travers son plafond de branchages, le ciel qui devenait clair. Alors, un soulagement immense le pénétra; ses

---

1. *francs-tireurs*: corps de volontaires, créés en 1868, souvent sans uniforme, qui montaient eux-mêmes des opérations, attaquaient les soldats prussiens isolés puis disparaissaient.

2. *tapant du cul*: le lapin qui a peur frappe le sol de ses deux pattes arrière.

membres se détendirent, reposés soudain ; son cœur s'apaisa ;
ses yeux se fermèrent. Il s'endormit.

30 Quand il se réveilla, le soleil lui parut arrivé à peu près au
milieu du ciel ; il devait être midi. Aucun bruit ne troublait
la paix morne des champs ; et Walter Schnaffs s'aperçut qu'il
était atteint d'une faim aiguë.

Il bâillait, la bouche humide à la pensée du saucisson, du
35 bon saucisson des soldats ; et son estomac lui faisait mal.

Il se leva, fit quelques pas, sentit que ses jambes étaient
faibles, et se rassit pour réfléchir. Pendant deux ou trois heures
encore, il établit le pour et le contre, changeant à tout moment de résolution, combattu, malheureux, tiraillé par les
40 raisons les plus contraires.

Une idée lui parut enfin logique et pratique, c'était de guetter le passage d'un villageois seul, sans armes, et sans outils
de travail dangereux, de courir au-devant de lui et de se remettre en ses mains en lui faisant bien comprendre qu'il se
45 rendait.

Alors il ôta son casque, dont la pointe le pouvait trahir[1],
et il sortit sa tête au bord de son trou, avec des précautions
infinies.

Aucun être isolé ne se montrait à l'horizon. Là-bas, à droite,
50 un petit village envoyait au ciel la fumée de ses toits, la fumée
des cuisines ! Là-bas à gauche, il apercevait, au bout des arbres
d'une avenue, un grand château flanqué de tourelles.

Il attendit ainsi jusqu'au soir, souffrant affreusement, ne
voyant rien que des vols de corbeaux, n'entendant rien que
55 les plaintes sourdes de ses entrailles.

Et la nuit encore tomba sur lui.

Il s'allongea au fond de sa retraite et il s'endormit d'un sommeil fiévreux, hanté de cauchemars, d'un sommeil d'homme
affamé.

---

1. *le pouvait trahir* : voir la note 1, page 51.

160   L'aurore se leva de nouveau sur sa tête. Il se remit en ob-
servation. Mais la campagne restait vide comme la veille ; et
une peur nouvelle entrait dans l'esprit de Walter Schnaffs, la
peur de mourir de faim ! Il se voyait étendu au fond de son
trou, sur le dos, les yeux fermés. Puis des bêtes, des petites
165   bêtes de toute sorte s'approchaient de son cadavre et se mettaient à le manger, l'attaquant partout à la fois, se glissant sous
ses vêtements pour mordre sa peau froide. Et un grand cor-
beau lui piquait les yeux de son bec effilé.

    Alors, il devint fou, s'imaginant qu'il allait s'évanouir de fai-
170   blesse et ne plus pouvoir marcher. Et déjà, il s'apprêtait à
s'élancer vers le village, résolu à tout oser, à tout braver, quand
il aperçut trois paysans qui s'en allaient aux champs avec leurs
fourches sur l'épaule, et il replongea dans sa cachette.

    Mais, dès que le soir obscurcit la plaine, il sortit lentement
175   du fossé, et se mit en route, courbé, craintif, le cœur battant,
vers le château lointain, préférant entrer là-dedans plutôt qu'au
village qui lui semblait redoutable comme une tanière pleine
de tigres.

    Les fenêtres d'en bas brillaient. Une d'elles était même
180   ouverte ; et une forte odeur de viande cuite s'en échappait, une
odeur qui pénétra brusquement dans le nez et jusqu'au fond
du ventre de Walter Schnaffs ; qui le crispa, le fit haleter,
l'attirant irrésistiblement, lui jetant au cœur une audace
désespérée.

185   Et brusquement, sans réfléchir, il apparut, casqué, dans le
cadre de la fenêtre.

    Huit domestiques dînaient autour d'une grande table. Mais
soudain une bonne demeura béante, laissant tomber son verre,
les yeux fixes. Tous les regards suivirent le sien !

190   On aperçut l'ennemi !

    Seigneur ! les Prussiens attaquaient le château !…

    Ce fut d'abord un cri, un seul cri, fait de huit cris poussés
sur huit tons différents, un cri d'épouvante horrible, puis une
levée tumultueuse, une bousculade, une mêlée, une fuite

95 éperdue vers la porte du fond. Les chaises tombaient, les hommes renversaient les femmes et passaient dessus. En deux secondes, la pièce fut vide, abandonnée, avec la table couverte de mangeaille en face de Walter Schnaffs stupéfait, toujours debout dans sa fenêtre.

100 Après quelques instants d'hésitation, il enjamba le mur d'appui et s'avança vers les assiettes. Sa faim exaspérée le faisait trembler comme un fiévreux : mais une terreur le retenait, le paralysait encore. Il écouta. Toute la maison semblait frémir ; des portes se fermaient, des pas rapides couraient sur le plan-
105 cher du dessus. Le Prussien inquiet tendait l'oreille à ces confuses rumeurs ; puis il entendit des bruits sourds comme si des corps fussent tombés dans la terre molle, au pied des murs, des corps humains sautant du premier étage.

Puis tout mouvement, toute agitation cessèrent, et le grand
110 château devint silencieux comme un tombeau.

Walter Schnaffs s'assit devant une assiette restée intacte, et il se mit à manger. Il mangeait par grandes bouchées comme s'il eût craint d'être interrompu trop tôt, de n'en pouvoir engloutir assez. Il jetait à deux mains les morceaux dans sa
15 bouche ouverte comme une trappe ; et des paquets de nourriture lui descendaient coup sur coup dans l'estomac, gonflant sa gorge en passant. Parfois, il s'interrompait, prêt à crever à la façon d'un tuyau trop plein. Il prenait alors la cruche au cidre et se déblayait l'œsophage comme on lave un conduit
20 bouché.

Il vida toutes les assiettes, tous les plats et toutes les bouteilles ; puis, saoul de liquide et de mangeaille, abruti, rouge, secoué par des hoquets, l'esprit troublé et la bouche grasse, il déboutonna son uniforme pour souffler, incapable d'ailleurs
25 de faire un pas. Ses yeux se fermaient, ses idées s'engourdissaient ; il posa son front pesant dans ses bras croisés sur la table, et il perdit doucement la notion des choses et des faits.

Le dernier croissant éclairait vaguement l'horizon au-dessus des arbres du parc. C'était l'heure froide qui précède le jour.

230   Des ombres glissaient dans les fourrés, nombreuses et
muettes ; et parfois, un rayon de lune faisait reluire dans
l'ombre une pointe d'acier.

Le château tranquille dressait sa grande silhouette noire.
Deux fenêtres seules brillaient encore au rez-de-chaussée.

235   Soudain, une voix tonnante hurla :

« En avant ! nom d'un nom ! à l'assaut ! mes enfants ! »

Alors, en un instant, les portes, les contrevents et les vitres
s'enfoncèrent sous un flot d'hommes qui s'élança, brisa, creva
tout, envahit la maison. En un instant cinquante soldats armés
240   jusqu'aux cheveux bondirent dans la cuisine où reposait
pacifiquement Walter Schnaffs, et, lui posant sur la poitrine
cinquante fusils chargés, le culbutèrent, le roulèrent, le
saisirent, le lièrent des pieds à la tête.

Il haletait d'ahurissement, trop abruti pour comprendre,
245   battu, crossé[1] et fou de peur.

Et tout d'un coup, un gros militaire chamarré d'or lui planta
son pied sur le ventre en vociférant :

« Vous êtes mon prisonnier, rendez-vous ! »

Le Prussien n'entendit que ce seul mot « prisonnier », et il
250   gémit : « *ya, ya, ya.* »

Il fut relevé, ficelé sur une chaise, et examiné avec une vive
curiosité par ses vainqueurs qui soufflaient comme des ba-
leines. Plusieurs s'assirent, n'en pouvant plus d'émotion et de
fatigue.

255   Il souriait, lui, il souriait maintenant, sûr d'être enfin
prisonnier !

Un autre officier entra et prononça :

« Mon colonel, les ennemis se sont enfuis ; plusieurs sem-
blent avoir été blessés. Nous restons maîtres de la place. »

---

1. *crossé* : « traité durement et avec mépris » (*Littré*) ; « malmené avec une crosse [de
fusil] ». (*Dictionnaire historique de la langue française*)

60 Le gros militaire qui s'essuyait le front vociféra :

« Victoire ! »

Et il écrivit sur un petit agenda de commerce tiré de sa poche :

« Après une lutte acharnée, les Prussiens ont dû battre en
65 retraite, emportant leurs morts et leurs blessés, qu'on évalue à cinquante hommes hors de combat. Plusieurs sont restés entre nos mains. »

Le jeune officier reprit :

« Quelles dispositions dois-je prendre, mon colonel ? »
70 Le colonel répondit :

« Nous allons nous replier pour éviter un retour offensif avec de l'artillerie et des forces supérieures. »

Et il donna l'ordre de repartir.

La colonne se reforma dans l'ombre, sous les murs du châ-
75 teau, et se mit en mouvement, enveloppant de partout Walter Schnaffs garrotté, tenu par six guerriers le revolver au poing.

Des reconnaissances[1] furent envoyées pour éclairer la route. On avançait avec prudence, faisant halte de temps en temps.

Au jour levant, on arrivait à la sous-préfecture de La Roche-
80 Oysel, dont la garde nationale avait accompli ce fait d'armes.

La population anxieuse et surexcitée attendait. Quand on aperçut le casque du prisonnier, des clameurs formidables éclatèrent. Les femmes levaient les bras ; des vieilles pleuraient ; un aïeul lança sa béquille au Prussien et blessa le nez d'un de
85 ses gardiens.

Le colonel hurlait :

« Veillez à la sûreté du captif ! »

On parvint enfin à la maison de ville. La prison fut ouverte, et Walter Schnaffs jeté dedans, libre de liens.
90 Deux cents hommes en armes montèrent la garde autour du bâtiment.

---

1. *reconnaissances* : troupes ou patrouilles de soldats en reconnaissance.

Alors, malgré des symptômes d'indigestion qui le tourmentaient depuis quelque temps, le Prussien, fou de joie, se mit à danser, à danser éperdument, en levant les bras et les
295 jambes, à danser en poussant des cris frénétiques, jusqu'au moment où il tomba, épuisé, au pied d'un mur.

Il était prisonnier ! Sauvé !

C'est ainsi que le château de Champignet fut repris à l'ennemi après six heures seulement d'occupation.
300 Le colonel Ratier, marchand de drap, qui enleva cette affaire à la tête des gardes nationaux de La Roche-Oysel, fut décoré.

Paru dans *Le Gaulois* le 11 avril 1883.

La guerre de 1870-1871. Trois ouvriers de Bougival sont fusillés par les Prussiens pour avoir combattu sans uniforme. En médaillon : le monument commémoratif de l'événement, inauguré en 1897. Gravure de Navellier d'après un dessin de Lecoultre (1897).

© Collection Roger-Viollet. / RV-752975.

Le mal d'André

La maison du notaire avait façade sur la place. Par derrière, un beau jardin bien planté s'étendait jusqu'au passage des Piques, toujours désert, dont il était séparé par un mur.

C'est au bout de ce jardin que la femme de Maître Moreau
5 avait donné rendez-vous, pour la première fois, au capitaine Sommerive qui la poursuivait depuis longtemps.

Son mari était parti passer huit jours à Paris. Elle se trouvait donc libre pour la semaine entière. Le capitaine avait tant prié, l'avait implorée avec des paroles si douces ; elle était per-
10 suadée qu'il l'aimait si violemment, elle se sentait elle-même si isolée, si méconnue, si négligée au milieu des contrats dont s'occupait uniquement le notaire, qu'elle avait laissé prendre son cœur sans se demander si elle donnerait plus un jour.

Puis, après des mois d'amour platonique, de mains pres-
15 sées, de baisers rapides volés derrière une porte, le capitaine avait déclaré qu'il quitterait immédiatement la ville en demandant son changement s'il n'obtenait pas un rendez-vous, un vrai rendez-vous, dans l'ombre des arbres, pendant l'absence du mari.

20 Elle avait cédé ; elle avait promis.

Elle l'attendait maintenant, blottie contre le mur, le cœur battant, tressaillant aux moindres bruits.

Tout à coup elle entendit qu'on escaladait le mur, et elle faillit se sauver. Si ce n'était pas lui ? Si c'était un voleur ? Mais
25 non ; une voix appelait doucement « Mathilde ». Elle répondit : « Étienne ». Et un homme tomba dans le chemin avec un bruit de ferraille.

C'était lui ! quel baiser !

Ils demeurèrent longtemps debout, enlacés, les lèvres unies.
30 Mais tout à coup une pluie fine se mit à tomber, et les gouttes glissant de feuille en feuille faisaient dans l'ombre un frémissement d'eau. Elle tressaillit lorsqu'elle reçut la première goutte sur le cou.

Il lui disait : « Mathilde, ma chérie, mon adorée, mon amie, mon ange, entrons chez vous. Il est minuit, nous n'avons rien à craindre. Allons chez vous ; je vous supplie. »

Elle répondait : « Non, mon bien-aimé, j'ai peur. Qui sait ce qui peut nous arriver ? »

Mais il la tenait serrée en ses bras, et lui murmurait dans l'oreille : « Vos domestiques sont au troisième étage, sur la place. Votre chambre est au premier, sur le jardin. Personne ne nous entendra. Je vous aime, je veux t'aimer librement, tout entière, des pieds à la tête. » Et il l'étreignait avec violence, en l'affolant de baisers.

Elle résistait encore, effrayée, honteuse aussi. Mais il la saisit par la taille, l'enleva et l'emporta, sous la pluie qui devenait terrible.

La porte était restée ouverte ; ils montèrent à tâtons l'escalier ; puis, lorsqu'ils furent entrés dans la chambre, elle poussa les verrous, pendant qu'il enflammait une allumette.

Mais elle tomba défaillante sur un fauteuil. Il se mit à ses genoux, et, lentement, il la dévêtait, ayant commencé par les bottines et par les bas, pour baiser ses pieds.

Elle disait, haletante : « Non, non, Étienne, je vous en supplie, laissez-moi rester honnête ; je vous en voudrais trop, après ! c'est si laid, cela, si grossier ! Ne peut-on s'aimer avec les âmes seulement… Étienne. »

Avec une adresse de femme de chambre, et une vivacité d'homme pressé, il déboutonnait, dénouait, dégrafait, délaçait sans repos. Et quand elle voulut se lever et fuir pour échapper à ses audaces, elle sortit brusquement de ses robes, de ses jupes et de son linge toute nue, comme une main sort d'un manchon.

Éperdue, elle courut vers le lit pour se cacher sous les rideaux. La retraite était dangereuse. Il l'y suivit. Mais comme il voulait la joindre et qu'il se hâtait, son sabre, détaché trop vite, tomba sur le parquet avec un bruit retentissant.

Aussitôt une plainte prolongée, un cri aigu et continu, un cri d'enfant partit de la chambre voisine, dont la porte était restée ouverte.

70   Elle murmura : « Oh ! vous venez de réveiller André ; il ne pourra pas se rendormir. »

Son fils avait quinze mois et il couchait près de sa mère, afin qu'elle pût sans cesse veiller sur lui.

Le capitaine, fou d'ardeur, n'écoutait pas. « Qu'importe ?
75   qu'importe ? Je t'aime ; tu es à moi, Mathilde. »

Mais elle se débattait, désolée, épouvantée. « Non, non ! écoute comme il crie ; il va réveiller la nourrice. Si elle venait, que ferions-nous ? Nous serions perdus ! Étienne, écoute, quand il fait ça, la nuit, son père le prend dans notre lit pour
80   le calmer. Il se tait tout de suite, tout de suite, il n'y a pas d'autre moyen. Laisse-moi le prendre, Étienne… »

L'enfant hurlait, poussait ces clameurs perçantes qui traversent les murs les plus épais, qu'on entend de la rue en passant près des logis.

85   Le capitaine, consterné, se releva, et Mathilde, s'élançant, alla chercher le mioche qu'elle apporta dans sa couche. Il se tut.

Étienne s'assit à cheval sur une chaise et roula une cigarette. Au bout de cinq minutes à peine, André dormait. La mère
90   murmura : « Je vais le reporter maintenant. » Et elle alla reposer l'enfant dans son berceau avec des précautions infinies.

Quand elle revint, le capitaine l'attendait les bras ouverts.

Il l'enlaça, fou d'amour. Et elle, vaincue enfin, l'étreignant, balbutiait :

95   « Étienne… Étienne… mon amour ! Oh ! si tu savais comme… comme… »

André se remit à crier. Le capitaine, furieux, jura : « Nom de Dieu de chenapan ! Il ne va pas se taire, ce morveux-là ! »

Non, il ne se taisait pas, le morveux, il beuglait.

100   Mathilde crut entendre remuer au-dessus. C'était la nourrice qui venait sans doute. Elle s'élança, prit son fils, et le rapporta dans son lit. Il redevint muet aussitôt.

Trois fois de suite on le recoucha dans son berceau. Trois fois de suite il fallut le reprendre.

Le capitaine Sommerive partit une heure avant l'aurore en sacrant à bouche que veux-tu.

Mais, pour calmer son impatience, Mathilde lui avait promis de le recevoir encore, le soir même.

Il arriva comme la veille, mais plus impatient, plus enflammé, rendu furieux par l'attente.

Il eut soin de poser son sabre avec douceur, sur les deux bras d'un fauteuil ; il ôta ses bottes comme un voleur, et parla si bas que Mathilde ne l'entendait plus. Enfin, il allait être heureux, tout à fait heureux, quand le parquet ou quelque meuble, ou peut-être le lit lui-même, craqua. Ce fut un bruit sec comme si quelque support s'était brisé ; et aussitôt un cri, faible d'abord, puis suraigu, y répondit. André s'était réveillé.

Il glapissait comme un renard. S'il continuait ainsi, certes, toute la maison allait se lever.

La mère affolée s'élança et le rapporta. Le capitaine ne se releva pas. Il rageait. Alors, tout doucement. il étendit la main, prit entre deux doigts un peu de chair du marmot, n'importe où, à la cuisse ou bien au derrière, et il pinça. L'enfant se débattit, hurlant à déchirer les oreilles. Alors le capitaine, exaspéré, pinça plus fort, partout, avec fureur. Il saisissait vivement le bourrelet de peau et le tordait en le serrant violemment, puis le lâchait pour en prendre un autre à côté, puis un autre plus loin, puis encore un autre.

L'enfant poussait des clameurs de poulet qu'on égorge ou de chien qu'on flagelle. La mère éplorée l'embrassait, le caressait, tâchait de le calmer, d'étouffer ses cris sous les baisers. Mais André devenait violet comme s'il allait avoir des convulsions, et il agitait ses petits pieds et ses petites mains d'une façon effrayante et navrante.

Le capitaine dit d'une voix douce : « Essayez donc de le reporter dans son berceau ; il s'apaisera peut-être. » Et Mathilde s'en alla vers l'autre chambre avec son enfant dans ses bras.

Dès qu'il fut sorti du lit de sa mère, il cria moins fort ; et dès qu'il fut rentré dans le sien, il se tut, avec quelques sanglots encore, de temps en temps.

Le reste de la nuit fut tranquille ; et le capitaine fut heureux.

La nuit suivante, il revint encore. Comme il parlait un peu fort, André se réveilla de nouveau et se mit à glapir. Sa mère bien vite l'alla chercher[1] ; mais le capitaine pinça si bien, si
145 durement et si longtemps que le marmot suffoqua, les yeux tournés, l'écume aux lèvres.

On le remit en son berceau. Il se calma tout aussitôt.

Au bout de quatre jours, il ne pleurait plus pour aller dans le lit maternel.

150 Le notaire revint le samedi soir. Il reprit sa place au foyer et dans la chambre conjugale.

Il se coucha de bonne heure, étant fatigué du voyage ; puis, dès qu'il eut bien retrouvé ses habitudes et accompli scrupuleusement tous ses devoirs d'homme honnête et métho-
155 dique, il s'étonna : « Tiens, mais André ne pleure pas, ce soir Va donc le chercher un peu, Mathilde, ça me fait plaisir de le sentir entre nous deux. »

La femme aussitôt se leva et alla prendre l'enfant ; mais dès qu'il se vit dans ce lit où il aimait tant s'endormir quelques
160 jours auparavant, le marmot épouvanté se tordit, et hurla si furieusement qu'il fallut le reporter en son berceau.

Maître Moreau n'en revenait pas : « Quelle drôle de chose ? Qu'est-ce qu'il a ce soir ? Peut-être qu'il a sommeil ? »

Sa femme répondit : « Il a été toujours comme ça pendant
165 ton absence. Je n'ai pas pu le prendre une seule fois. »

Au matin, l'enfant réveillé se mit à jouer et à rire en remuant ses menottes.

Le notaire attendri accourut, embrassa son produit, puis l'enleva dans ses bras pour le rapporter dans la couche conju-
170 gale. André riait, du rire ébauché des petits êtres dont la pensée est vague encore. Tout à coup il aperçut le lit, sa mère dedans ; et sa petite figure heureuse se plissa, décomposée,

---

1. *l'alla chercher* : voir la note 1, page 51.

tandis que des cris furieux sortaient de sa gorge et qu'il se débattait comme si on l'eût martyrisé.

75   Le père, étonné, murmura : « Il a quelque chose, cet enfant »,
et d'un mouvement naturel il releva sa chemise.

Il poussa un « ah ! » de stupeur. Les mollets, les cuisses, les
reins, tout le derrière du petit étaient marbrés de taches bleues,
grandes comme des sous.

80   Maître Moreau cria : « Mathilde, regarde, c'est affreux ! » La
mère, éperdue, se précipita. Le milieu de chacune des taches
semblait traversé d'une ligne violette où le sang était venu
mourir. C'était là, certes, quelque maladie effroyable et bizarre,
le commencement d'une sorte de lèpre, d'une de ces affections
85 étranges où la peau devient tantôt pustuleuse comme le dos
des crapauds, tantôt écailleuse comme celui des crocodiles.

Les parents éperdus se regardaient. Maître Moreau s'écria :
« Il faut aller chercher le médecin. »

Mais Mathilde, plus pâle qu'une morte, contemplait fixe-
90 ment son fils aussi tacheté qu'un léopard. Et, soudain,
poussant un cri, un cri violent, irréfléchi, comme si elle eût
aperçu quelqu'un qui l'emplissait d'horreur, elle jeta : « Oh !
le misérable !... »

M. Moreau, surpris, demanda : « Hein ? De qui parles-tu ?
95 Quel misérable ? »

Elle devint rouge jusqu'aux cheveux et balbutia : « Rien...
c'est... vois-tu... je devine... c'est... il ne faut pas aller chercher le médecin... c'est assurément cette misérable nourrice
qui pince le petit pour le faire taire quand il crie. »

00   Le notaire, exaspéré, alla quérir la nourrice et faillit la battre.
Elle nia avec effronterie, mais fut chassée.

Et sa conduite, signalée à la municipalité, l'empêcha de
trouver d'autres places.

Paru dans *Gil Blas* le 24 juillet 1883,
sous la signature Maufrigneuse[1].

_____

1. *Maufrigneuse* : voir la note 1, page 38.

Le cas de Mme Luneau

Le juge de paix[1], gros, avec un œil fermé et l'autre à peine
ouvert, écoute les plaignants d'un air mécontent. Parfois il
pousse une sorte de grognement qui fait préjuger son opinion,
et il interrompt d'une voix grêle comme celle d'un enfant, pour
5   poser des questions.

Il vient de régler l'affaire de M. Joly contre M. Petitpas, au
sujet de la borne d'un champ qui aurait été déplacée par mé-
garde par le charretier[2] de M. Petitpas, en labourant.

Il appelle l'affaire d'Hippolyte Lacour, sacristain et quin-
10   caillier, contre Mme Céleste-Césarine Luneau, veuve
d'Anthime-Isidore.

Hippolyte Lacour a quarante-cinq ans ; grand, maigre, portant des cheveux longs et rasé comme un homme d'église, il
parle d'une voix lente, traînante et chantante.

15   Mme Luneau semble avoir quarante ans. Charpentée en
lutteur, elle gonfle de partout sa robe étroite et collante. Ses
hanches énormes supportent une poitrine débordante par devant, et, par derrière, des omoplates grasses comme des seins.
Son cou large soutient une tête aux traits saillants, et sa voix
20   pleine, sans être grave, pousse des notes qui font vibrer les
vitres et les tympans. Enceinte, elle présente en avant un ventre
énorme comme une montagne.

Les témoins à décharge attendent leur tour.

M. le juge de paix attaque la question.

25   « Hippolyte Lacour, exposez votre réclamation. »

Le plaignant prend la parole.

---

1. *juge de paix* : « 1. ANCIENNT […] magistrat qui statue comme juge unique, tantôt en
premier, tantôt en dernier ressort, sur des affaires généralement peu importantes en
matière civile et de simple police. » (*Le Petit Robert 1*)

2. *charretier* : « se dit aussi quelquefois de celui qui mène une charrue. » (*Dictionnaire
de L'Académie française*, 6ᵉ éd. [1832-35])

« Voilà, monsieur le juge de paix. Il y aura neuf mois à la Saint-Michel[1] que Mme Luneau est venue me trouver, un soir, comme j'avais sonné l'Angelus, et elle m'exposa sa situation par rapport à sa stérilité… »

LE JUGE DE PAIX   Soyez plus explicite, je vous prie.

HIPPOLYTE   Je m'éclaircis, monsieur le juge. Or, qu'elle voulait un enfant et qu'elle me demandait ma participation. Je ne fis pas de difficultés, et elle me promit cent francs. La chose accordée et réglée, elle refuse aujourd'hui sa promesse. Je la réclame devant vous, monsieur le juge de paix.

LE JUGE DE PAIX   Je ne vous comprends pas du tout. Vous dites qu'elle voulait un enfant ? Comment ? Quel genre d'enfant ? Un enfant pour l'adopter ?

HIPPOLYTE   Non, monsieur le juge, un neuf.

LE JUGE DE PAIX   Qu'entendez-vous par ces mots : « Un neuf » ?

HIPPOLYTE   J'entends un enfant à naître, que nous aurions ensemble, comme si nous étions mari et femme.

LE JUGE DE PAIX   Vous me surprenez infiniment. Dans quel but pouvait-elle vous faire cette proposition anormale ?

HIPPOLYTE   Monsieur le juge, le but ne m'apparut pas au premier abord et je fus aussi un peu intercepté[2]. Comme je ne fais rien sans me rendre compte de tout, je voulus me pénétrer de ses raisons et elle me les énuméra.

Or, son époux, Anthime-Isidore, que vous avez connu comme vous et moi, était mort la semaine d'avant, avec tout son bien en retour à sa famille. Donc, la chose la contrariant, vu l'argent, elle s'en fut trouver un législateur qui la renseigna sur le cas d'une naissance dans les dix mois. Je veux dire que si elle accouchait dans les dix mois après l'extinction de

---

1. *la Saint-Michel* : le 29 septembre. Date connue des paysans, car c'était celle des baux ruraux. Elle marquait également la fin des récoltes et de la belle saison.

2. *intercepté* : le personnage a sans doute voulu dire « interloqué ». Mais il est vrai qu'il a été sollicité de façon inattendue par Mme Luneau…

feu Anthime-Isidore, le produit était considéré comme légitime et donnait droit à l'héritage.

Elle se résolut sur-le-champ à courir les conséquences[1] et
60 elle s'en vint me trouver à la sortie de l'église comme j'ai eu l'honneur de vous le dire, vu que je suis père légitime de huit enfants, tous viables, dont mon premier est épicier à Caen, département du Calvados, et uni en légitime mariage à Victoire-Elisabeth Rabou…

65 LE JUGE DE PAIX   Ces détails sont inutiles. Revenez au fait.

HIPPOLYTE   J'y entre, monsieur le juge. Donc elle me dit : « Si tu réussis, je te donnerai cent francs dès que j'aurai fait constater la grossesse par le médecin. »

Or, je me mis en état, monsieur le juge, d'être à même de
70 la satisfaire. Au bout de six semaines ou deux mois, en effet, j'appris avec satisfaction la réussite. Mais ayant demandé les cent francs, elle me les refusa[2]. Je les réclamai de nouveau à diverses reprises sans obtenir un radis. Elle me traita même de flibustier et d'impuissant, dont la preuve du contraire est
75 de la regarder.

LE JUGE DE PAIX   Qu'avez-vous à dire, femme Luneau ?

MADAME LUNEAU   Je dis, monsieur le juge de paix, que cet homme est un flibustier !

LE JUGE DE PAIX   Quelle preuve apportez-vous à l'appui de
80 cette assertion ?

MADAME LUNEAU, *rouge, suffoquant, balbutiant*   Quelle preuve ? quelle preuve ? Je n'en ai pas eu une, de preuve, de vraie, de preuve que l'enfant n'est pas à lui. Non, pas à lui, monsieur le juge, j'en jure sur la tête de mon défunt mari, pas
85 à lui.

LE JUGE DE PAIX   À qui est-il donc, dans ce cas ?

---

1. *courir les conséquences* : imprécision lexicale ; le personnage aurait plutôt voulu dire « donner suite à son projet » ou « prendre les mesures nécessaires ».

2. *elle me les refusa* : erreur de syntaxe – volontaire, de la part de Maupassant ? – puisque le sujet du verbe *ayant demandé* n'est pas le sujet du verbe principal.

MADAME LUNEAU, *bégayant de colère*   Je sais ti, moi, je sais ti? À tout le monde, pardi. Tenez, v'là mes témoins, monsieur le juge; les v'là tous. Ils sont six. Tirez-leur des dépositions, tirez-leur. Ils répondront…

LE JUGE DE PAIX   Calmez-vous, madame Luneau, calmez-vous et répondez froidement. Quelles raisons avez-vous de douter que cet homme soit le père de l'enfant que vous portez?

MADAME LUNEAU   Quelles raisons? J'en ai cent pour une, cent, deux cents, cinq cents, dix mille, un million et plus, de raisons. Vu qu'après lui avoir fait la proposition que vous savez avec promesse de cent francs, j'appris qu'il était cocu, sauf votre respect, monsieur le juge, et que les siens n'étaient pas à lui, ses enfants, pas à lui, pas un.

HIPPOLYTE LACOUR, *avec calme*   C'est des menteries.

MADAME LUNEAU, *exaspérée*   Des menteries! des menteries! Si on peut dire! À preuve que sa femme s'est fait rencontrer par tout le monde, que je vous dis, par tout le monde. Tenez, v'là mes témoins, m'sieur le juge de paix. Tirez-leur des dépositions.

HIPPOLYTE LACOUR, *froidement*   C'est des menteries.

MADAME LUNEAU   Si on peut dire! Et les rouges[1], c'est-il toi qui les as faits, les rouges?

LE JUGE DE PAIX   Pas de personnalités, s'il vous plaît, ou je serai contraint de sévir.

MADAME LUNEAU   Donc, la doutance[2] m'étant venue sur ses capacités, je me dis, comme on dit, que deux précautions valent mieux qu'une, et je comptai mon affaire à Césaire Lepic, que voilà, mon témoin; qu'il me dit: «À votre disposition, madame Luneau», et qu'il m'a prêté son concours pour le cas où Hippolyte aurait fait défaut. Mais vu qu'alors ça fut connu

---

1. *rouges*: l'adjectif, substantivé, signifie «roux» dans ce contexte.
2. *doutance*: archaïsme qui signifie «léger doute».

des autres témoins que je voulais me prémunir, il s'en est
trouvé plus de cent, si j'avais voulu, monsieur le juge.

120   Le grand que vous voyez là, celui qui s'appelle Lucas
Chandelier, m'a juré alors que j'avais tort de donner les cent
francs à Hippolyte Lacour, vu qu'il n'avait pas fait plus que
l's'autres qui ne réclamaient rien.

HIPPOLYTE   Fallait point me les promettre, alors. Moi, j'ai
125   compté, monsieur le juge. Avec moi, pas d'erreur : chose pro-
mise, chose tenue.

MADAME LUNEAU, *hors d'elle*   Cent francs ! cent francs ! Cent
francs pour ça, flibustier, cent francs ! Ils ne m'ont rien demandé, eusse[1], rien de rien. Tiens, les v'là, ils sont six. Tirez-
130   leur des dépositions, monsieur le juge de paix, ils répondront
pour sûr, ils répondront. *À Hippolyte* : Guette-les donc, flibustier, s'ils te valent pas. Ils sont six, j'en aurais eu cent, deux
cents, cinq cents, tant que j'aurais voulu, pour rien, flibustier !

HIPPOLYTE   Quand y en aurait cent mille !…

135   MADAME LUNEAU   Oui, cent mille, si j'avais voulu…

HIPPOLYTE   Je n'en ai pas moins fait mon devoir… ça ne
change pas nos conventions.

MADAME LUNEAU, *tapant à deux mains sur son ventre*   Eh
bien, prouve que c'est toi, prouve-le, prouve-le, flibustier. J't'en
140   défie !

HIPPOLYTE, *avec calme*   C'est p't-être pas plus moi qu'un
autre. Ça n'empêche que vous m'avez promis cent francs pour
ma part. Fallait pas vous adresser à tout le monde ensuite. Ça
ne change rien. J'l'aurais bien fait tout seul.

145   MADAME LUNEAU   C'est pas vrai ! Flibustier ! Interpellez mes
témoins, monsieur le juge de paix. Ils répondront pour sûr.

Le juge de paix appelle les témoins à décharge. Ils sont six,
rouges, les mains ballantes, intimidés.

---

1. *eusse* : prononciation régionale de *eux*.

LE JUGE DE PAIX   Lucas Chandelier, avez-vous lieu de présumer que vous soyez le père de l'enfant que Mme Luneau porte dans son flanc?

LUCAS CHANDELIER   Oui, m'sieu.

LE JUGE DE PAIX   Célestin-Pierre Sidoine, avez-vous lieu de présumer que vous soyez le père de l'enfant que Mme Luneau porte dans son flanc?

CÉLESTIN-PIERRE SIDOINE   Oui, m'sieu.

(Les quatre autres témoins déposent identiquement de la même façon.)

Le juge de paix, après s'être recueilli, prononce:

« Attendu que si Hippolyte Lacour a lieu de s'estimer le père de l'enfant que réclamait Mme Luneau, les nommés Lucas Chandelier, etc., etc., ont des raisons analogues, sinon prépondérantes, de réclamer la même paternité;

« Mais attendu que Mme Luneau avait primitivement invoqué l'assistance de Hippolyte Lacour, moyennant une indemnité convenue et consentie de cent francs;

« Attendu pourtant que si on peut estimer entière la bonne foi du sieur Lacour, il est permis de contester son droit strict de s'engager d'une pareille façon, étant donné que le plaignant est marié, et tenu par la loi à rester fidèle à son épouse légitime;

« Attendu, en outre, etc., etc., etc.;

« Condamne Mme Luneau à vingt-cinq francs de dommages-intérêts envers le sieur Hippolyte Lacour, pour perte de temps et détournement insolite. »

Paru dans *Gil Blas* le 21 août 1883,
sous la signature Maufrigneuse[1].

---

1. *Maufrigneuse*: voir la note 1, page 38.

L'épreuve[1]

I

Un bon ménage, le ménage Bondel, bien qu'un peu guer-
royant. On se querellait souvent, pour des causes futiles, puis
on se réconciliait.

Ancien commerçant retiré des affaires après avoir amassé
5   de quoi vivre selon ses goûts simples, Bondel avait loué à Saint-
Germain[2] un petit pavillon et s'était gîté là, avec sa femme.

C'était un homme calme, dont les idées, bien assises, se
levaient difficilement. Il avait de l'instruction, lisait des journaux graves et appréciait cependant l'esprit gaulois. Doué de
10 raison, de logique, de ce bon sens pratique qui est la qualité
maîtresse de l'industrieux bourgeois français, il pensait peu,
mais sûrement, et ne se décidait aux résolutions qu'après des
considérations que son instinct lui révélait infaillibles.

C'était un homme de taille moyenne, grisonnant, à la phy-
15 sionomie distinguée.

Sa femme, pleine de qualités sérieuses, avait aussi quelques
défauts. D'un caractère emporté, d'une franchise d'allures qui
touchait à la violence, et d'un entêtement invincible, elle gardait contre les gens des rancunes inapaisables. Jolie autrefois,
20 puis devenue trop grosse, trop rouge, elle passait encore, dans
leur quartier, à Saint-Germain, pour une très belle femme, qui
représentait la santé avec un air pas commode.

Leurs dissentiments, presque toujours, commençaient au
déjeuner, au cours de quelque discussion sans importance,
25 puis jusqu'au soir, souvent jusqu'au lendemain, ils demeuraient fâchés. Leur vie si simple, si bornée, donnait de la gravité à leurs préoccupations les plus légères, et tout sujet de

---

1. *L'épreuve* : c'est également le titre d'une pièce de Marivaux, donnée aux Italiens en
   1740, sur le même sujet, mais sur un ton moins souriant et moins optimiste.

2. *Saint-Germain* : il s'agit probablement de Saint-Germain-en-Laye près de Paris.

conversation devenait un sujet de dispute. Il n'en était pas ainsi jadis, lorsqu'ils avaient des affaires qui les occupaient, qui
30 mariaient leurs soucis, serraient leurs cœurs, les enfermant et les retenant pris ensemble dans le filet de l'association et de l'intérêt commun.

Mais à Saint-Germain on voyait moins de monde. Il avait fallu refaire des connaissances, se créer, au milieu d'étrangers,
35 une existence nouvelle toute vide d'occupations. Alors, la monotonie des heures pareilles les avait un peu aigris l'un et l'autre ; et le bonheur tranquille, espéré, attendu avec l'aisance, n'apparaissait pas.

Ils venaient de se mettre à table, par un matin du mois de
40 juin, quand Bondel demanda :

– Est-ce que tu connais les gens qui demeurent dans ce petit pavillon rouge au bout de la rue du Berceau ?

Mme Bondel devait être mal levée. Elle répondit :

– Oui et non, je les connais, mais je ne tiens pas à les
45 connaître.

– Pourquoi donc ? Ils ont l'air très gentils.

– Parce que…

– J'ai rencontré le mari ce matin sur la terrasse[1] et nous avons fait deux tours ensemble.

50 Comprenant qu'il y avait du danger dans l'air, Bondel ajouta :

– C'est lui qui m'a abordé et parlé le premier.

La femme le regardait avec mécontentement. Elle reprit :

– Tu aurais aussi bien fait de l'éviter.

55 – Mais pourquoi donc ?

– Parce qu'il y a des potins sur eux.

– Quels potins ?

– Quels potins ! Mon Dieu, des potins comme on en fait souvent.

---

1. *terrasse* : sans doute celle construite par Le Nôtre en 1672, une promenade de 2400 mètres, offrant une vue panoramique sur l'ouest de Paris.

60   M. Bondel eut le tort d'être un peu vif.

— Ma chère amie, tu sais que j'ai horreur des potins. Il me suffit qu'on en fasse pour me rendre les gens sympathiques. Quant à ces personnes, je les trouve fort bien, moi.

Elle demanda, rageuse :

65   — La femme aussi, peut-être ?

— Mon Dieu oui, la femme aussi, quoique je l'aie à peine aperçue.

Et la discussion continua, s'envenimant lentement, acharnée sur le même sujet, par pénurie d'autres motifs.

70   Mme Bondel s'obstinait à ne pas dire quels potins couraient sur ces voisins, laissant entendre de vilaines choses, sans préciser. Bondel haussait les épaules, ricanait, exaspérait sa femme. Elle finit par crier :

— Eh bien ! ce monsieur est cornard, voilà !

75   Le mari répondit sans s'émouvoir :

— Je ne vois pas en quoi cela atteint l'honorabilité d'un homme ?

Elle parut stupéfaite.

— Comment, tu ne vois pas ?… tu ne vois pas ?… elle est
80   trop forte, en vérité… tu ne vois pas ? Mais c'est un scandale public ; il est taré à force d'être cornard !

Il répondit :

— Ah ! mais non ! Un homme serait taré parce qu'on le trompe, taré parce qu'on le trahit, taré parce qu'on le
85   vole ?… Ah ! mais non. Je te l'accorde pour la femme, mais pas pour lui.

Elle devenait furieuse.

— Pour lui comme pour elle. Ils sont tarés, c'est une honte publique.

90   Bondel, très calme, demanda :

— D'abord, est-ce vrai ? Qui peut affirmer une chose pareille tant qu'il n'y a pas flagrant délit ?

Mme Bondel s'agitait sur son siège.

– Comment ? qui peut affirmer ? mais tout le monde ! tout
95 le monde ! ça se voit comme les yeux dans le visage, une chose
pareille. Tout le monde le sait, tout le monde le dit. Il n'y a
pas à douter. C'est notoire comme une grande fête.

Il ricanait.

– On a cru longtemps aussi que le soleil tournait autour
.00 de la terre et mille autres choses non moins notoires, qui
étaient fausses. Cet homme adore sa femme ; il en parle avec
tendresse, avec vénération. Ça n'est pas vrai.

Elle balbutia, trépignant :

– Avec ça qu'il le sait, cet imbécile, ce crétin, ce taré !
.05 Bondel ne se fâchait pas ; il raisonnait.

– Pardon. Ce monsieur n'est pas bête. Il m'a paru au
contraire fort intelligent et très fin ; et tu ne me feras pas croire
qu'un homme d'esprit ne s'aperçoive pas d'une chose pareille
dans sa maison, quand les voisins, qui n'y sont pas, dans
10 sa maison, n'ignorent aucun détail de cet adultère, car ils
n'ignorent aucun détail, assurément.

Mme Bondel eut un accès de gaieté rageuse qui irrita les
nerfs de son mari.

– Ah ! ah ! ah ! tous les mêmes, tous, tous ! Avec ça qu'il y
15 en a un seul au monde qui découvre cela, à moins qu'on ne
lui mette le nez dessus.

La discussion déviait. Elle partit à fond de train sur l'aveu-
glement des époux trompés dont il doutait et qu'elle affirmait
avec des airs de mépris si personnels qu'il finit par se fâcher.
20 Alors, ce fut une querelle pleine d'emportement, où elle prit
le parti des femmes, où il prit le parti des hommes.

Il eut la fatuité de déclarer :

– Eh bien moi, je te jure que si j'avais été trompé, je m'en
serais aperçu, et tout de suite encore. Et je t'aurais fait passer
25 ce goût-là, d'une telle façon, qu'il aurait fallu plus d'un médecin pour te remettre sur pied.

Elle fut soulevée de colère et lui cria dans la figure :

– Toi ? toi ! Mais tu es aussi bête que les autres, entends-tu !

Il affirma de nouveau :

130   — Je te jure bien que non.

Elle lâcha un rire d'une telle impertinence qu'il sentit un battement de cœur et un frisson sur sa peau.

Pour la troisième fois il dit :

— Moi, je l'aurais vu.

135   Elle se leva, riant toujours de la même façon.

— Non, c'est trop, fit-elle.

Et elle sortit en tapant la porte.

II

Bondel resta seul, très mal à l'aise. Ce rire insolent, provocateur, l'avait touché comme un de ces aiguillons de mouche 140   venimeuse dont on ne sent pas la première atteinte, mais dont la brûlure s'éveille bientôt et devient intolérable.

Il sortit, marcha, rêvassa. La solitude de sa vie nouvelle le poussait à penser tristement, à voir sombre. Le voisin qu'il avait rencontré le matin se trouva tout à coup devant lui. Ils se 145   serrèrent la main et se mirent à causer. Après avoir touché divers sujets, ils en vinrent à parler de leurs femmes. L'un et l'autre semblaient avoir quelque chose à confier, quelque chose d'inexprimable, de vague, de pénible sur la nature même de cet être associé à leur vie : une femme.

150   Le voisin disait :

— Vrai, on croirait qu'elles ont parfois contre leur mari une sorte d'hostilité particulière, par cela seul qu'il est leur mari. Moi, j'aime ma femme. Je l'aime beaucoup, je l'apprécie et je la respecte ; eh bien ! elle a quelquefois l'air de montrer plus 155   de confiance et d'abandon à nos amis qu'à moi-même.

Bondel aussitôt pensa : « Ça y est, ma femme avait raison. »

Lorsqu'il eut quitté cet homme, il se remit à songer. Il sentait en son âme un mélange confus de pensées contradictoires, une sorte de bouillonnement douloureux, et il gardait dans 160   l'oreille le rire impertinent, ce rire exaspéré qui semblait dire : « Mais il en est de toi comme des autres, imbécile. » Certes, c'était là une bravade, une de ces impudentes bravades de femmes qui osent tout, qui risquent tout pour blesser, pour humilier l'homme contre lequel elles sont irritées.

65   Donc ce pauvre monsieur devait être aussi un mari trompé, comme tant d'autres. Il avait dit avec tristesse : « Elle a quelquefois l'air de montrer plus de confiance et d'abandon à nos amis qu'à moi-même. » Voilà donc comment un mari – cet aveugle sentimental que la loi nomme un mari – formulait ses
70 observations sur les attentions particulières de sa femme pour un autre homme. C'était tout. Il n'avait rien vu de plus. Il était pareil aux autres… Aux autres !

    Puis, comme sa propre femme, à lui, Bondel, avait ri d'une façon bizarre : « Toi aussi,… toi aussi… » Comme elles sont
75 folles et impudentes ces créatures qui peuvent faire entrer de pareils soupçons dans le cœur pour le seul plaisir de braver.

    Il remontait leur vie commune, cherchant dans leurs relations anciennes si elle avait jamais paru montrer à quelqu'un plus de confiance et d'abandon qu'à lui-même. Il n'avait jamais
80 suspecté personne, tant il était tranquille, sûr d'elle, confiant.

    Mais oui, elle avait eu un ami, un ami intime, qui pendant près d'un an vint dîner chez eux trois fois par semaine, Tancret, ce bon Tancret, ce brave Tancret, que lui, Bondel, aima comme un frère et qu'il continuait à voir en cachette depuis que sa
85 femme s'était fâchée, il ne savait pourquoi, avec cet aimable garçon.

    Il s'arrêta, pour réfléchir, regardant le passé avec des yeux inquiets. Puis une révolte surgit en lui contre lui-même, contre cette honteuse insinuation du moi défiant, du moi jaloux, du
90 moi méchant que nous portons tous. Il se blâma, il s'accusa, il s'injuria, tout en se rappelant les visites, les allures de cet ami que sa femme appréciait tant et qu'elle expulsa sans raison sérieuse. Mais soudain d'autres souvenirs lui vinrent, de ruptures pareilles dues au caractère vindicatif de Mme Bondel qui ne
95 pardonnait jamais un froissement. Il rit alors franchement de lui-même, du commencement d'angoisse qui l'avait étreint ;

et, se souvenant des mines haineuses de son épouse quand
il lui disait, le soir, en rentrant : « J'ai rencontré ce bon Tancret,
il m'a demandé de tes nouvelles », il se rassura complètement.

200   Elle répondait toujours : « Quand tu verras ce monsieur, tu
peux lui dire que je le dispense de s'occuper de moi. » Oh !
de quel air irrité, de quel air féroce elle prononçait ces paroles.
Comme on sentait bien qu'elle ne pardonnait pas, qu'elle ne
pardonnerait point… Et il avait pu soupçonner ?… même une

205   seconde ?… Dieu, quelle bêtise !

Pourtant, pourquoi s'était-elle fâchée ainsi ? Elle n'avait jamais raconté le motif précis de cette brouille et la raison de
son ressentiment. Elle lui en voulait bien fort ! bien fort ! Est-
ce que ?… Mais non… mais non… Et Bondel se déclara qu'il

210   s'avilissait lui-même en songeant à des choses pareilles.

Oui, il s'avilissait sans aucun doute, mais il ne pouvait s'em-
pêcher de songer à cela et il se demanda avec terreur si cette
idée entrée en lui n'allait pas y demeurer, s'il n'avait pas là,
dans le cœur, la larve d'un long tourment. Il se connaissait ;

215   il était homme à ruminer son doute, comme il ruminait autrefois ses opérations commerciales, pendant les jours et les
nuits, en pesant le pour et le contre, interminablement.

Déjà il devenait agité, il marchait plus vite et perdait son
calme. On ne peut rien contre l'Idée[1]. Elle est imprenable,

220   impossible à chasser, impossible à tuer.

Et soudain un projet naquit en lui, hardi, si hardi qu'il douta
d'abord s'il l'exécuterait.

Chaque fois qu'il rencontrait Tancret, celui-ci demandait
des nouvelles de Mme Bondel ; et Bondel répondait : « Elle est

225   toujours un peu fâchée. » Rien de plus, – Dieu… avait-il été
assez mari lui-même !… Peut-être !…

Donc il allait prendre le train pour Paris, se rendre chez
Tancret et le ramener avec lui, ce soir-là même, en lui affir-
mant que la rancune inconnue de sa femme était passée. Oui,

---

1. *l'Idée* : la majuscule est une marque de personnification*.

230 mais quelle tête ferait Mme Bondel… quelle scène !… quelle
fureur !… quel scandale !… Tant pis, tant pis… ce serait la vengeance du rire, et, en les voyant soudain en face l'un de l'autre,
sans qu'elle fût prévenue, il saurait bien saisir sur les figures
l'émotion de la vérité.

III

235 Il se rendit aussitôt à la gare, prit son billet, monta dans un
wagon et lorsqu'il se sentit emporté par le train qui descendait la rampe du Pecq[1], il eut un peu peur, une sorte de ver-
tige devant ce qu'il allait oser. Pour ne pas fléchir, reculer, revenir seul, il s'efforça de n'y plus penser, de se distraire sur
240 d'autres idées, de faire ce qu'il avait décidé avec une résolution aveugle, et il se mit à chantonner des airs d'opérette et
de café-concert jusqu'à Paris afin d'étourdir sa pensée.

Des envies de s'arrêter le saisirent aussitôt qu'il eut devant
lui les trottoirs qui allaient le conduire à la rue de Tancret. Il
245 flâna devant quelques boutiques, remarqua les prix de certains objets, s'intéressa à des articles nouveaux, eut envie de
boire un bock, ce qui n'était guère dans ses habitudes, et en
approchant du logis de son ami, désira fort ne point le
rencontrer.

250 Mais Tancret était chez lui, seul, lisant. Il fut surpris, se leva,
s'écria :

– Ah ! Bondel ! Quelle chance !

Et Bondel, embarrassé, répondit :

– Oui, mon cher, je suis venu faire quelques courses à Paris
255 et je suis monté pour vous serrer la main.

– Ça c'est gentil, gentil ! D'autant plus que vous aviez un
peu perdu l'habitude d'entrer chez moi.

– Que voulez-vous, on subit malgré soi des influences, et
comme ma femme avait l'air de vous en vouloir !…

---

1. *rampe du Pecq* : la descente vers le port du Pecq, sur la rive droite de la Seine, en face
de Saint-Germain.

260   — Bigre… avait l'air…, elle a fait mieux que cela, puisqu'elle m'a mis à la porte.

— Mais à propos de quoi ? Je ne l'ai jamais su, moi.

— Oh ! à propos de rien… d'une bêtise… d'une discussion où je n'étais pas de son avis.

265   — Mais à quel sujet cette discussion ?

— Sur une dame que vous connaissez peut-être de nom, Mme Boutin, une de mes amies.

— Ah ! vraiment… Eh bien, je crois qu'elle ne vous en veut plus, ma femme, car elle m'a parlé de vous, ce matin, en termes
270   fort amicaux.

Tancret eut un tressaillement et parut tellement stupéfait que, pendant quelques instants, il ne trouva rien à dire. Puis il reprit :

— Elle vous a parlé de moi… en termes amicaux…

275   — Mais oui.

— Vous en êtes sûr ?

— Parbleu !… je ne rêve pas.

— Et puis ?…

— Et puis… comme je venais à Paris, j'ai cru vous faire
280   plaisir en vous le disant.

— Mais oui… Mais oui…

Bondel parut hésiter, puis, après un petit silence :

— J'avais même une idée… originale.

— Laquelle ?

285   — Vous ramener avec moi pour dîner à la maison.

À cette proposition, Tancret, d'un naturel prudent, parut inquiet.

— Oh ! vous croyez ?… est-ce possible ?… ne nous exposons pas à… à… des histoires…

290   — Mais non… mais non.

— C'est que… vous savez… elle a de la rancune, Mme Bondel.

— Oui, mais je vous assure qu'elle ne vous en veut plus. Je suis même convaincu que cela lui fera grand plaisir de vous voir comme ça, à l'improviste.

295 – Vrai?

– Oh! vrai.

– Eh bien! allons, mon cher. Moi, je suis enchanté.
Voyez-vous, cette brouille-là me faisait beaucoup de peine.

Et ils se mirent en route vers la gare Saint-Lazare[1] en se
300 tenant par le bras.

Le trajet fut silencieux. Tous deux semblaient perdus en des
songeries profondes. Assis l'un en face de l'autre, dans le
wagon, ils se regardaient sans parler, constatant l'un et l'autre
qu'ils étaient pâles.

305 Puis ils descendirent du train et se reprirent le bras, comme
pour s'unir contre un danger. Après quelques minutes de
marche ils s'arrêtèrent, un peu haletants tous les deux, devant
la maison des Bondel.

Bondel fit entrer son ami, le suivit dans le salon, appela sa
310 bonne et lui dit : « Madame est ici ? »

– Oui, monsieur.

– Priez-la de descendre tout de suite, s'il vous plaît.

– Oui, monsieur.

Et ils attendirent, tombés sur deux fauteuils, émus à pré-
315 sent de la même envie de s'en aller au plus vite, avant que n'ap-
parût sur le seuil la grande personne redoutée.

Un pas connu, un pas puissant descendit les marches de
l'escalier. Une main toucha la serrure, et les yeux des deux
hommes virent tourner la poignée de cuivre. Puis la porte s'ou-
320 vrit toute grande et Mme Bondel s'arrêta, voulant voir avant
d'entrer.

Donc elle regarda, rougit, frémit, recula d'un demi-pas, puis
demeura immobile, le sang aux joues et les deux mains po-
sées sur les deux murs de l'entrée.

325 Tancret, pâle à présent comme s'il allait défaillir, s'était levé,
laissant tomber son chapeau, qui roula sur le parquet. Il
balbutiait :

---

1. *gare Saint-Lazare* : gare de l'ouest de Paris.

– Mon Dieu… Madame… c'est moi… j'ai cru… j'ai osé… Cela me faisait tant de peine…

330   Comme elle ne répondait pas, il reprit :

– Me pardonnez-vous… enfin ?

Alors, brusquement, emportée par une impulsion, elle marcha vers lui les deux mains tendues ; et quand il eut pris, serré et gardé ces deux mains, elle dit, avec une petite voix émue,

335   brisée, défaillante, que son mari ne lui connaissait point :

– Ah ! mon cher ami… Ça me fait plaisir !

Et Bondel, qui les contemplait, se sentit glacé de la tête aux pieds, comme si on l'eût trempé dans un bain froid.

Paru dans *L'Écho de Paris* le 13 juillet 1889.

L'enfant[1] (1883)

On parlait, après le dîner, d'un avortement qui venait d'avoir lieu dans la commune[2]. La baronne s'indignait : Était-ce possible, une chose pareille ! La fille, séduite par un garçon boucher, avait jeté son enfant dans une marnière ! Quelle horreur !
5 On avait même prouvé que le pauvre petit être n'était pas mort sur le coup.

Le médecin, qui dînait au château ce soir-là, donnait des détails horribles d'un air tranquille ; et il paraissait émerveillé du courage de la misérable mère, qui avait fait deux kilomètres
10 à pied, ayant accouché toute seule, pour assassiner son enfant. Il répétait : « Elle est en fer, cette femme ! Et quelle énergie sauvage il lui a fallu pour traverser le bois, la nuit, avec son petit qui gémissait dans ses bras ! Je demeure éperdu devant de pareilles souffrances morales. Songez donc à l'épouvante de cette
15 âme, au déchirement de ce cœur ! Comme la vie est odieuse et misérable ! D'infâmes préjugés, oui, madame, d'infâmes préjugés, un faux honneur, plus abominable que le crime, toute une accumulation de sentiments factices, d'honorabilité odieuse, de révoltante honnêteté poussent à l'assassinat, à l'in-
20 fanticide de pauvres filles qui ont obéi sans résistance à la loi impérieuse de la vie. Quelle honte pour l'humanité d'avoir établi une pareille morale et fait un crime de l'embrassement libre de deux êtres ! »

La baronne était devenue pâle d'indignation.

25 Elle répliqua : « Alors, docteur, vous mettez le vice au-dessus de la vertu, la prostituée avant l'honnête femme ! Celle qui s'abandonne à ses instincts honteux vous paraît l'égale de

---

1. *L'enfant* : Maupassant a publié, le 24 juillet 1882, un autre conte sous le même titre, et reproduit à la page 27.
2. *commune* : « 2. (1793) [En France, la] plus petite subdivision administrative du territoire, administrée par un maire, des adjoints et un conseil municipal. » (*Le Petit Robert 1*)

l'épouse irréprochable qui accomplit son devoir dans l'intégrité de sa conscience ! »

30   Le médecin, un vieux homme qui avait touché à bien des plaies, se leva, et, d'une voix forte : « Vous parlez, madame, de choses que vous ignorez, n'ayant point connu les invincibles passions. Laissez-moi vous dire une aventure récente dont je fus témoin. »

*

35   Oh ! madame, soyez toujours indulgente, et bonne, et miséricordieuse ; vous ne savez pas !

Malheur à ceux à qui la perfide nature a donné des sens inapaisables ! Les gens calmes, nés sans instincts violents, vivent honnêtes, par nécessité. Le devoir est facile à ceux que
40   ne torturent jamais les désirs enragés.

Je vois des petites bourgeoises au sang froid, aux mœurs rigides, d'un esprit moyen et d'un cœur modéré, pousser des cris d'indignation quand elles apprennent les fautes des femmes tombées.

45   Ah ! vous dormez tranquille dans un lit pacifique que ne hantent point les rêves éperdus. Ceux qui vous entourent sont comme vous, font comme vous, préservés par la sagesse instinctive de leurs sens. Vous luttez à peine contre des apparences d'entraînement. Seul, votre esprit suit parfois des
50   pensées malsaines, sans que tout votre corps se soulève rien qu'à l'effleurement de l'idée tentatrice.

Mais chez ceux-là que le hasard a faits passionnés, madame, les sens sont invincibles. Pouvez-vous arrêter le vent, pouvez-vous arrêter la mer démontée ? Pouvez-vous entraver les forces
55   de la nature ? Non. Les sens aussi sont des forces de la nature, invincibles comme la mer et le vent. Ils soulèvent et entraînent l'homme et le jettent à la volupté sans qu'il puisse résister à la véhémence de son désir. Les femmes irréprochables sont les femmes sans tempérament. Elles sont nombreuses. Je ne
60   leur sais pas gré de leur vertu, car elles n'ont pas à lutter. Mais

jamais, entendez-vous, jamais une Messaline[1], une Catherine[2]
ne sera sage. Elle ne le peut pas. Elle est créée pour la caresse
furieuse! Ses organes ne ressemblent point aux vôtres, sa chair
est différente, plus vibrante, plus affolée au moindre contact
65 d'une autre chair; et ses nerfs travaillent, la bouleversent et
la domptent alors que les vôtres n'ont rien ressenti. Essayez
donc de nourrir un épervier avec les petits grains ronds que
vous donnez au perroquet! Ce sont deux oiseaux pourtant qui
ont un gros bec crochu. Mais leurs instincts sont différents.
70   Oh! les sens! Si vous saviez quelle puissance ils ont. Les
sens qui nous tiennent haletants pendant des nuits entières,
la peau chaude, le cœur précipité, l'esprit harcelé de visions
affolantes! Voyez-vous, madame, les gens à principes in-
flexibles sont tout simplement des gens froids, désespérément
75 jaloux des autres, sans le savoir.
      Écoutez-moi.
      Celle que j'appellerai Mme Hélène avait des sens. Elle les
avait eus dès sa petite enfance. Chez elle ils s'étaient éveillés
alors que la parole commence. Vous me direz que c'était une
80 malade. Pourquoi? N'êtes-vous pas plutôt des affaiblis? On
me consulta lorsqu'elle avait douze ans. Je constatai qu'elle
était femme déjà et harcelée sans repos par des désirs
d'amour. Rien qu'à la voir on le sentait. Elle avait des lèvres
grasses, retournées, ouvertes comme des fleurs, un cou fort,
85 une peau chaude, un nez large, un peu ouvert et palpitant,
de grands yeux clairs dont le regard allumait les hommes.
      Qui donc aurait pu calmer le sang de cette bête ardente?
Elle passait des nuits à pleurer sans cause. Elle souffrait à mourir de rester sans mâle.
90   À quinze ans, enfin, on la maria.

---

1. *Messaline*: impératrice romaine, célèbre pour ses débauches, morte en 48.
2. *Catherine*: il s'agit très probablement de l'impératrice Catherine II de Russie, qui régna
   de 1762 à 1796. Cette femme des Lumières, intelligente, cultivée, avait des mœurs
   très libres: elle eut, dit-on, plus de vingt amants reconnus.

Deux ans plus tard, son mari mourait poitrinaire. Elle l'avait épuisé.

Un autre en dix-huit mois eut le même sort. Le troisième résista trois ans, puis la quitta. Il était temps.

95   Demeurée seule, elle voulut rester sage. Elle avait tous vos préjugés. Un jour enfin elle m'appela, ayant des crises nerveuses qui l'inquiétaient. Je reconnus immédiatement qu'elle allait mourir de son veuvage.

Je le lui dis. C'était une honnête femme, madame; malgré
100   les tortures qu'elle endurait, elle ne voulut pas suivre mon conseil de prendre un amant.

Dans le pays on la disait folle. Elle sortait la nuit et faisait des courses désordonnées pour affaiblir son corps révolté. Puis elle tombait en des syncopes que suivaient des spasmes
105   effrayants.

Elle vivait seule en son château proche du château de sa mère et de ceux de ses parents. Je l'allais voir[1] de temps en temps, ne sachant que faire contre cette volonté acharnée de la nature ou contre sa volonté à elle.

110   Or, un soir, vers huit heures, elle entra chez moi comme je finissais de dîner. À peine fûmes-nous seuls, elle me dit :

« Je suis perdue. Je suis enceinte ! »

Je fis un soubresaut sur ma chaise.

« Vous dites ?

115   — Je suis enceinte.

— Vous ?

— Oui, moi. »

Et brusquement, d'une voix saccadée, en me regardant bien en face :

120   « Enceinte de mon jardinier, docteur. J'ai eu un commencement d'évanouissement en me promenant dans le parc. L'homme, m'ayant vue tomber, est accouru et m'a prise en ses

---

1. *l'allais voir* : voir la note 1, page 51.

bras pour m'emporter. Qu'ai-je fait ? Je ne sais plus ! L'ai-je
étreint, embrassé ? Peut-être. Vous connaissez ma misère et
125   ma honte. Enfin il m'a possédée ! Je suis coupable, car je me
suis encore donnée le lendemain de la même façon, et d'autres
fois encore. C'était fini. Je ne savais plus résister !… »

Elle eut dans la gorge un sanglot, puis reprit d'une voix
fière :

130   « Je le payais, je préférais cela à l'amant que vous me
conseilliez de prendre. Il m'a rendue grosse.

« Oh ! Je me confesse à vous sans réserve et sans hésitations.
J'ai essayé de me faire avorter. J'ai pris des bains brûlants, j'ai
monté des chevaux difficiles, j'ai fait du trapèze, j'ai bu des
135   drogues, de l'absinthe, du safran[1], d'autres encore. Mais je n'ai
point réussi.

« Vous connaissez mon père, mes frères ! Je suis perdue. Ma
sœur est mariée à un honnête homme. Ma honte rejaillira sur
eux. Et songez à tous nos amis, à tous nos voisins, à notre
140   nom…, à ma mère… »

Elle se mit à sangloter. Je lui pris les mains et je l'interro-
geai. Puis je lui donnai le conseil de faire un long voyage et
d'aller accoucher au loin.

Elle répondait : « Oui… oui… oui… c'est cela… », sans
145   avoir l'air d'écouter. Puis elle partit.

J'allai la voir plusieurs fois. Elle devenait folle.

L'idée de cet enfant grandissant dans son ventre, de cette
honte vivante lui était entrée dans l'âme comme une flèche
aiguë. Elle y pensait sans repos, n'osait plus sortir le jour, ni
150   voir personne de peur qu'on ne découvrît son abominable
secret. Chaque soir elle se dévêtait devant son armoire à glace
et regardait son flanc déformé ; puis elle se jetait par terre, une
serviette dans la bouche pour étouffer ses cris. Vingt fois par
nuit elle se relevait, allumait sa bougie et retournait devant

---

1. *de l'absinthe, du safran* : l'absinthe et le safran faisaient partie, à l'époque, de la phar-
macopée susceptible de provoquer un avortement.

155 le large miroir qui lui renvoyait l'image bosselée de son corps
nu. Alors, éperdue, elle se frappait le ventre à coups de poing
pour le tuer, cet être qui la perdait. C'était entre eux une lutte
terrible. Mais il ne mourait pas ; et, sans cesse, il s'agitait
comme s'il se fût défendu. Elle se roulait sur le parquet pour
160 l'écraser contre terre ; elle essaya de dormir avec un poids sur
le corps pour l'étouffer. Elle le haïssait comme on hait l'ennemi acharné qui menace votre vie.

Après ces luttes inutiles, ces impuissants efforts pour se débarrasser de lui, elle se sauvait par les champs, courant éper-
165 dument, folle de malheur et d'épouvante.

On la ramassa un matin, les pieds dans un ruisseau, les yeux
égarés ; on crut qu'elle avait un accès de délire, mais on ne
s'aperçut de rien.

Une idée fixe la tenait. Ôter de son corps cet enfant
170 maudit.

Or sa mère, un soir, lui dit en riant : « Comme tu engraisses,
Hélène ; si tu étais mariée, je te croirais enceinte. »

Elle dut recevoir un coup mortel de ces paroles. Elle partit presque aussitôt et rentra chez elle.

175 Que fit-elle ? Sans doute encore elle regarda longtemps son
ventre enflé ; sans doute, elle le frappa, le meurtrit, le heurta
aux angles des meubles comme elle faisait chaque soir. Puis
elle descendit, nu-pieds, à la cuisine, ouvrit l'armoire et prit
le grand couteau qui sert à couper les viandes. Elle remonta,
180 alluma quatre bougies et s'assit, sur une chaise d'osier tressé,
devant sa glace.

Alors, exaspérée de haine contre cet embryon inconnu et
redoutable, le voulant arracher et tuer enfin, le voulant tenir
en ses mains, étrangler et jeter au loin, elle pressa la place où
185 remuait cette larve et d'un seul coup de la lame aiguë elle se
fendit le ventre.

Oh ! elle opéra, certes, très vite et très bien, car elle le saisit, cet ennemi qu'elle n'avait pu encore atteindre. Elle le prit
par une jambe, l'arracha d'elle et le voulut lancer dans la

190   cendre du foyer. Mais il tenait par des liens qu'elle n'avait pu trancher, et, avant qu'elle eût compris peut-être ce qui lui restait à faire pour se séparer de lui, elle tomba inanimée sur l'enfant noyé dans un flot de sang.

    Fut-elle bien coupable, madame ?

*

195   Le médecin se tut et attendit. La baronne ne répondit pas.

Paru dans Gil Blas le 18 septembre 1883.

La confession[1]

Marguerite de Thérelles allait mourir. Bien qu'elle n'eût que cinquante et six[2] ans, elle en paraissait au moins soixante et quinze. Elle haletait, plus pâle que ses draps, secouée de frissons épouvantables, la figure convulsée, l'œil hagard, comme
5 si une chose horrible lui eût apparu.

Sa sœur aînée, Suzanne, plus âgée de six ans, à genoux près du lit, sanglotait. Une petite table approchée de la couche de l'agonisante portait, sur une serviette, deux bougies allumées, car on attendait le prêtre qui devait donner l'extrême-onction
10 et la communion dernière[3].

L'appartement avait cet aspect sinistre qu'ont les chambres des mourants, cet air d'adieu désespéré. Des fioles traînaient sur les meubles, des linges traînaient dans les coins, repoussés d'un coup de pied ou de balai. Les sièges en désordre sem-
15 blaient eux-mêmes effarés, comme s'ils avaient couru dans tous les sens. La redoutable mort était là, cachée, attendant.

L'histoire des deux sœurs était attendrissante. On la citait au loin ; elle avait fait pleurer bien des yeux.

Suzanne, l'aînée, avait été aimée follement, jadis, d'un jeune
20 homme qu'elle aimait aussi. Ils furent fiancés, et on n'attendait plus que le jour fixé pour le contrat, quand Henry de Sampierre était mort brusquement.

Le désespoir de la jeune fille fut affreux, et elle jura de ne se jamais marier. Elle tint parole. Elle prit des habits de veuve
25 qu'elle ne quitta plus.

---

1. *La confession* : Maupassant a publié deux autres nouvelles portant ce titre, l'une le 12 août et l'autre le 10 novembre 1884.

2. *cinquante et six* : forme archaïque ; la conjonction *et* entre les dizaines et les unités dans les noms de nombre composés est peu usitée depuis le XVIIe siècle.

3. *l'extrême-onction et la communion dernière* : rites appelés « les derniers sacrements » ; avec la confession, ils étaient prodigués aux fidèles catholiques à l'article de la mort.

Alors sa sœur, sa petite sœur Marguerite, qui n'avait encore que douze ans, vint, un matin, se jeter dans les bras de l'aînée, et lui dit : « Grande sœur, je ne veux pas que tu sois malheureuse. Je ne veux pas que tu pleures toute ta vie ; je ne 30 te quitterai jamais, jamais, jamais ! Moi non plus, je ne me marierai pas. Je resterai près de toi, toujours, toujours, toujours. »

Suzanne l'embrassa, attendrie par ce dévouement d'enfant, et n'y crut pas.

Mais la petite aussi tint parole et, malgré les prières des 35 parents, malgré les supplications de l'aînée, elle ne se maria jamais. Elle était jolie, fort jolie ; elle refusa bien des jeunes gens qui semblaient l'aimer ; elle ne quitta plus sa sœur.

Elles vécurent ensemble tous les jours de leur existence, sans se séparer une seule fois. Elles allèrent côte à côte, insépara-40 blement unies. Mais Marguerite sembla toujours triste, accablée, plus morne que l'aînée, comme si peut-être son sublime sacrifice l'eût brisée. Elle vieillit plus vite, prit des cheveux blancs dès l'âge de trente ans et, souvent souffrante, semblait atteinte d'un mal inconnu qui la rongeait.

45 Maintenant elle allait mourir la première.

Elle ne parlait plus depuis vingt-quatre heures. Elle avait dit seulement, aux premières lueurs de l'aurore :

« Allez chercher Monsieur le curé, voici l'instant. »

Et elle était demeurée ensuite sur le dos, secouée de 50 spasmes, les lèvres agitées comme si des paroles terribles lui fussent montées du cœur, sans pouvoir sortir, le regard affolé d'épouvante, effroyable à voir.

Sa sœur, déchirée par la douleur, pleurait éperdument, le front sur le bord du lit et répétait :

55 « Margot, ma pauvre Margot, ma petite ! »

Elle l'avait toujours appelée : « ma petite », de même que la cadette l'avait toujours appelée : « grande sœur ».

On entendit des pas dans l'escalier. La porte s'ouvrit. Un enfant de chœur parut, suivi du vieux prêtre en surplis. Dès

60 qu'elle l'aperçut, la mourante s'assit d'une secousse, ouvrit les
    lèvres, balbutia deux ou trois paroles, et se mit à gratter le drap
    de ses ongles comme si elle eût voulu y faire un trou.

    L'abbé Simon s'approcha, lui prit la main, la baisa sur le
    front et, d'une voix douce :

65 « Dieu vous pardonne, mon enfant ; ayez du courage, voici
    le moment venu, parlez. »

    Alors, Marguerite, grelottant de la tête aux pieds, secouant
    toute sa couche de ses mouvements nerveux, balbutia :

    « Assieds-toi, grande sœur, écoute. »

70 Le prêtre se baissa vers Suzanne, toujours abattue au pied
    du lit, la releva, la mit dans un fauteuil et prenant dans chaque
    main la main d'une des deux sœurs, il prononça :

    « Seigneur, mon Dieu ! envoyez-leur la force, jetez sur elles
    votre miséricorde . »

75 Et Marguerite se mit à parler. Les mots lui sortaient de la
    gorge un à un, rauques, scandés, comme exténués.

    « Pardon, pardon, grande sœur, pardonne-moi ! Oh ! si tu
    savais comme j'ai eu peur de ce moment-là, toute ma vie !… »

    Suzanne balbutia, dans ses larmes :

80 « Quoi te pardonner, petite ? Tu m'as tout donné, tout sa-
    crifié ; tu es un ange… »

    Mais Marguerite l'interrompit :

    « Tais-toi, tais-toi ! Laisse-moi dire… ne m'arrête pas… C'est
    affreux… laisse-moi dire tout… jusqu'au bout, sans bouger…

85 Écoute… Tu te rappelles… tu te rappelles… Henry… »

    Suzanne tressaillit et regarda sa sœur. La cadette reprit :

    « Il faut que tu entendes tout pour comprendre. J'avais
    douze ans, seulement douze ans, tu te rappelles bien, n'est-
    ce pas ? Et j'étais gâtée, je faisais tout ce que je voulais !… Tu

90 te rappelles bien comme on me gâtait ?… Écoute… La pre-
    mière fois qu'il est venu, il avait des bottes vernies ; il est des-
    cendu de cheval devant le perron, et il s'est excusé sur son
    costume, mais il venait apporter une nouvelle à papa. Tu te

le rappelles, n'est-ce pas?… Ne dis rien… écoute. Quand je
95 l'ai vu, j'ai été toute saisie, tant je l'ai trouvé beau, et je suis
demeurée debout dans un coin du salon tout le temps qu'il
a parlé. Les enfants sont singuliers… et terribles… Oh! oui…
j'en ai rêvé!

« Il est revenu… plusieurs fois… je le regardais de tous mes
100 yeux, de toute mon âme… j'étais grande pour mon âge… et
bien plus rusée qu'on ne croyait. Il est revenu souvent… Je
ne pensais qu'à lui. Je prononçais tout bas :

« Henry… Henry de Sampierre!

« Puis on a dit qu'il allait t'épouser. Ce fut un chagrin… oh!
105 grande sœur… un chagrin… un chagrin! J'ai pleuré trois
nuits, sans dormir. Il revenait tous les jours, l'après-midi, après
son déjeuner… tu te le rappelles, n'est-ce pas? Ne dis rien…
écoute. Tu lui faisais des gâteaux qu'il aimait beaucoup… avec
de la farine, du beurre et du lait… Oh! je sais bien comment…
110 J'en ferais encore s'il le fallait. Il les avalait d'une seule bouchée, et puis il buvait un verre de vin… et puis il disait : "C'est
délicieux." Tu te rappelles comme il disait ça?

« J'étais jalouse, jalouse!… Le moment de ton mariage approchait. Il n'y avait plus que quinze jours. Je devenais folle.
115 Je me disais : Il n'épousera pas Suzanne, non, je ne veux pas!…
C'est moi qu'il épousera, quand je serai grande. Jamais je n'en
trouverai un que j'aime autant… Mais un soir, dix jours avant
ton contrat[1], tu t'es promenée avec lui devant le château, au
clair de lune… et là-bas… sous le sapin, sous le grand sapin…
120 il t'a embrassée… embrassée… dans ses deux bras… si longtemps… Tu te rappelles, n'est-ce pas? C'était probablement
la première fois… oui… Tu étais si pâle en rentrant au salon!

« Je vous ai vus; j'étais là, dans le massif. J'ai eu une rage!
Si j'avais pu, je vous aurais tués!

---

1. *contrat* : contrat de mariage, « qui fixe le régime des biens des époux pendant le mariage ». (*Le Petit Robert 1*)

125   «Je me suis dit : Il n'épousera pas Suzanne, jamais ! Il
n'épousera personne. Je serais trop malheureuse… Et tout d'un
coup je me suis mise à le haïr affreusement.

«Alors, sais-tu ce que j'ai fait ?… écoute. J'avais vu le jardinier préparer des boulettes pour tuer des chiens errants. Il
130   écrasait une bouteille avec une pierre et mettait le verre pilé
dans une boulette de viande.

«J'ai pris chez maman une petite bouteille de pharmacien,
je l'ai broyée avec un marteau, et j'ai caché le verre dans ma
poche. C'était une poudre brillante… Le lendemain, comme
135   tu venais de faire les petits gâteaux, je les ai fendus avec un
couteau et j'ai mis le verre dedans… Il en a mangé trois… moi
aussi, j'en ai mangé un… J'ai jeté les six autres dans l'étang…
les deux cygnes sont morts trois jours après… Tu te le rappelles ? Oh ! ne dis rien… écoute, écoute… Moi seule, je ne
140   suis pas morte… mais j'ai toujours été malade… écoute… Il
est mort… tu sais bien… écoute… ce n'est rien cela… C'est
après, plus tard… toujours… le plus terrible… écoute…

«Ma vie, toute ma vie… quelle torture ! Je me suis dit : Je
ne quitterai plus ma sœur. Et je lui dirait tout, au moment de
145   mourir… Voilà. Et depuis, j'ai toujours pensé à ce moment-
là, à ce moment-là où je te dirais tout… Le voici venu… C'est
terrible… Oh !… grande sœur !

«J'ai toujours pensé, matin et soir, le jour, la nuit : Il faudra que je lui dise cela, une fois… J'attendais… Quel sup-
150   plice !… C'est fait… Ne dis rien… Maintenant, j'ai peur… j'ai
peur… oh ! j'ai peur ! Si j'allais le revoir, tout à l'heure, quand
je serai morte… Le revoir… y songes-tu ?… La première !…
Je n'oserai pas… Il le faut… Je vais mourir… Je veux que tu
me pardonnes. Je le veux… Je ne peux pas m'en aller sans cela
155   devant lui. Oh ! dites-lui de me pardonner, monsieur le curé,
dites-lui… je vous en prie. Je ne peux mourir sans ça… »

Elle se tut, et demeura haletante, grattant toujours le drap
de ses ongles crispés…

Suzanne avait caché sa figure dans ses mains et ne bougeait
160 plus. Elle pensait à lui qu'elle aurait pu aimer si longtemps !
Quelle bonne vie ils auraient eue ! Elle le revoyait, dans l'autrefois disparu, dans le vieux passé à jamais éteint. Morts
chéris ! comme ils vous déchirent le cœur ! Oh ! ce baiser, son
seul baiser ! Elle l'avait gardé dans l'âme. Et puis plus rien, plus
165 rien dans toute son existence !…

Le prêtre tout à coup se dressa et, d'une voix forte, vibrante,
il cria :

« Mademoiselle Suzanne, votre sœur va mourir ! »

Alors Suzanne, ouvrant ses mains, montra sa figure trem-
170 pée de larmes, et, se précipitant sur sa sœur, elle la baisa de
toute sa force en balbutiant :

« Je te pardonne, je te pardonne, petite… »

Paru dans Le Gaulois le 21 octobre 1883.

Le vieux

Un tiède soleil d'automne tombait dans la cour de ferme, par-dessus les grands hêtres des fossés. Sous le gazon tondu par les vaches, la terre, imprégnée de pluie récente, était moite, enfonçait sous les pieds avec un bruit d'eau ; et les pommiers
5 chargés de pommes semaient leurs fruits d'un vert pâle, dans le vert foncé de l'herbage.

Quatre jeunes génisses paissaient, attachées en ligne, et meuglaient par moments vers la maison ; les volailles mettaient un mouvement coloré sur le fumier, devant l'étable, et grat-
10 taient, remuaient, caquetaient, tandis que les deux coqs chantaient sans cesse, cherchaient des vers pour leurs poules qu'ils appelaient d'un gloussement vif.

La barrière de bois s'ouvrit ; un homme entra, âgé de qua-rante ans peut-être, mais qui semblait vieux de soixante, ridé,
15 tortu, marchant à grands pas lents, alourdis par le poids de lourds sabots pleins de paille. Ses bras longs pendaient des deux côtés du corps. Quand il approcha de la ferme, un ro-quet jaune, attaché au pied d'un énorme poirier, à côté d'un baril qui lui servait de niche, remua la queue, puis se mit à
20 japper en signe de joie. L'homme cria :

« À bas, Finot ! »

Le chien se tut.

Une paysanne sortit de la maison. Son corps osseux, large et plat, se dessinait sous un caraco de laine qui serrait la taille.
25 Une jupe grise, trop courte, tombait jusqu'à la moitié des jambes, cachées en des bas bleus, et elle portait aussi des sa-bots pleins de paille. Un bonnet blanc, devenu jaune, cou-vrait quelques cheveux collés au crâne, et sa figure brune, maigre, laide, édentée, montrait cette physionomie sauvage
30 et brute qu'ont souvent les faces des paysans.

L'homme demanda :

« Comment qu'y va ? »

La femme répondit :

« M'sieu le curé dit que c'est la fin, qu'il n' passera point
35 la nuit. »

Ils entrèrent tous deux dans la maison.

Après avoir traversé la cuisine, ils pénétrèrent dans la
chambre, basse, noire, à peine éclairée par un carreau, devant
lequel tombait une loque d'indienne normande[1]. Les grosses
40 poutres du plafond, brunies par le temps, noires et enfumées,
traversaient la pièce de part en part, portant le mince plan-
cher du grenier, où couraient, jour et nuit, des troupeaux de
rats.

Le sol de terre, bossué, humide, semblait gras, et, dans le
45 fond de l'appartement, le lit faisait une tache vaguement
blanche. Un bruit régulier, rauque, une respiration dure, râ-
lante, sifflante, avec un gargouillement d'eau comme celui que
fait une pompe brisée, partait de la couche enténébrée où agonisait un vieillard, le père de la paysanne.

50 L'homme et la femme s'approchaient et regardèrent le
moribond, de leur œil placide et résigné.

Le gendre dit :

« C'te fois, c'est fini ; i n'ira pas seulement à la nuit. »

La fermière reprit :

55 « C'est d'puis midi qu'i gargotte[2] comme ça. »

Puis ils se turent. Le père avait les yeux fermés, le visage
couleur de terre, si sec qu'il semblait en bois. Sa bouche entrouverte laissait passer son souffle clapotant et dur ; et le drap
de toile grise se soulevait sur sa poitrine à chaque aspiration.

60 Le gendre, après un long silence, prononça :

---

1. *loque d'indienne normande* : vieux vêtement sale et déchiré, fait de tissu rappelant le
coton indien, et que l'industrie textile de Rouen, en Normandie, produisait en abondance.

2. *gargotte* : ce verbe, plus souvent attesté avec un seul *t*, signifie « faire un bruit de gorge
en mangeant ou en buvant ».

« Y a qu'à le quitter finir[1]. J'y pouvons rien. Tout d' même c'est dérangeant pour les cossards[2], vu l' temps qu'est bon, qu'il faut repiquer d'main. »

Sa femme parut inquiète à cette pensée. Elle réfléchit
65   quelques instants, puis déclara :

« Puisqu'i va passer, on l'enterrera pas avant samedi ; t'auras ben d'main pour les cossards. »

Le paysan méditait ; il dit :

« Oui, mais demain qui faudra qu'invite pour l'imunation[3],
70   que j' nai ben pour cinq ou six heures à aller de Tourville à Manetot chez tout le monde[4]. »

La femme, après avoir médité deux ou trois minutes, prononça :

« I n'est seulement point trois heures, qu' tu pourrais com-
75   mencer la tournée anuit[5] et faire tout l' côté de Tourville. Tu peux ben dire qu'il a passé, puisqu'i n'en a pas quasiment pour la relevée[6]. »

L'homme demeura quelques instants perplexe, pesant les conséquences et les avantages de l'idée. Enfin il déclara :
80   « Tout d' même[7], j'y vas. »

Il allait sortir ; il revint et, après une hésitation :

« Pisque t'as point d'ouvrage, loche[8] des pommes à cuire, et pis tu feras quatre douzaines de douillons[9] pour ceux qui

---

1. *le quitter finir* : le laisser mourir. Tournure régionale normande.

2. *cossards* : plans de colza.

3. *imunation* : déformation, par inversion des syllabes, du mot *inhumation*.

4. *aller de Tourville à Manetot chez tout le monde* : aller par toute la région pour annoncer la mort du vieux.

5. *anuit* : en patois normand, ce mot signifie « aujourd'hui ».

6. *relevée* : moment de l'après-midi où on se relève, après la sieste.

7. *Tout d' même* : « III. 3. Loc. adv. DE MÊME, *tout de même* (VX) : de la même façon » (*Le Petit Robert 1*), c'est-à-dire « tout à fait d'accord, c'est vrai, tu as raison ».

8. *loche* : du verbe *locher*. « RÉGION. *Locher un arbre*, le secouer pour en faire tomber les fruits. » (*Le Petit Robert 1*)

9. *douillons* : mets assez répandu en France, encore aujourd'hui. Le plus souvent, il est fait de fruits – pommes, poires ou pruneaux – évidés, parfois farcis et cuits dans une enveloppe de pâte.

viendront à l'imunation, vu qu'i faudra se réconforter.
85 T'allumeras le four avec la bourrée qu'est sous l' hangar au
pressoir. Elle est sèque. »

Et il sortit de la chambre, rentra dans la cuisine, ouvrit le
buffet, prit un pain de six livres[1], en coupa soigneusement une
tranche, recueillit dans le creux de sa main les miettes tom-
90 bées sur la tablette, et se les jeta dans la bouche pour ne rien
perdre. Puis il enleva avec la pointe de son couteau un peu
de beurre salé au fond d'un pot de terre brune, l'étendit sur
son pain, qu'il se mit à manger lentement, comme il faisait
tout.

95 Et il retraversa la cour, apaisa le chien, qui se remettait à
japper, sortit sur le chemin qui longeait son fossé, et s'éloigna dans la direction de Tourville.

Restée seule, la femme se mit à la besogne. Elle découvrit
la huche à la farine, et prépara la pâte aux douillons. Elle la
100 pétrissait longuement, la tournant et la retournant, la maniant,
l'écrasant, la broyant. Puis elle en fit une grosse boule d'un
blanc jaune, qu'elle laissa sur le coin de la table.

Alors elle alla chercher les pommes et, pour ne point blesser l'arbre avec la gaule, elle grimpa dedans au moyen d'un
105 escabeau. Elle choisissait les fruits avec soin, pour ne prendre
que les plus mûrs, et les entassait dans son tablier.

Une voix l'appela du chemin :

« Ohé, Madame Chicot ! »

Elle se retourna. C'était un voisin, maître Osime Favet, le
110 maire, qui s'en allait fumer ses terres, assis, les jambes
pendantes, sur le tombereau d'engrais. Elle se retourna, et
répondit :

« Qué qu'y a pour vot' service, maît' Osime ?

---

1. *pain de six livres* : pain pesant six livres. Une livre a valu entre 380 et 540 grammes,
   selon les époques. À titre de comparaison, à Paris, au XIXe siècle, le pain courant, dit
   de ménage, pesait quatre livres.

— Et le pé[1], où qui n'en est ? »

115   Elle cria :

« Il est quasiment passé. C'est samedi l'imunation, à sept heures, vu les cossards qui pressent. »

Le voisin répliqua :

« Entendu. Bonne chance ! Portez-vous bien. »

120   Elle répondit à sa politesse :

« Merci, et vous d' même. »

Puis elle se remit à cueillir ses pommes.

Aussitôt qu'elle fut rentrée, elle alla voir son père, s'attendant à le trouver mort. Mais dès la porte elle distingua son
125   râle bruyant et monotone, et, jugeant inutile d'approcher du lit pour ne point perdre de temps, elle commença à préparer les douillons.

Elle enveloppait les fruits un à un, dans une mince feuille de pâte, puis les alignait au bord de la table. Quand elle eut
130   fait quarante-huit boules, rangées par douzaines l'une devant l'autre, elle pensa à préparer le souper, et elle accrocha sur le feu[2] sa marmite, pour faire cuire les pommes de terre ; car elle avait réfléchi qu'il était inutile d'allumer le four, ce jour-là même, ayant encore le lendemain tout entier pour terminer
135   les préparatifs.

Son homme rentra vers cinq heures. Dès qu'il eut franchi le seuil, il demanda :

« C'est-il fini ? »

Elle répondit :

140   « Point encore : ça gargouille toujours. »

Ils allèrent voir. Le vieux était absolument dans le même état. Son souffle rauque, régulier comme un mouvement d'horloge, ne s'était ni accéléré ni ralenti. Il revenait de seconde en seconde, variant un peu de ton, suivant que l'air entrait ou
145   sortait de la poitrine.

---

1. *le pé* : signifie « le pére », c'est-à-dire le père de Madame Chicot, le Vieux.

2. *accrocha sur le feu* : accrocha à la crémaillère, au-dessus du feu.

Son gendre le regarda, puis il dit :

« I finira sans qu'on y pense, comme une chandelle. »

Ils rentrèrent dans la cuisine et, sans parler, se mirent à souper. Quand ils eurent avalé la soupe, ils mangèrent encore une
150 tartine de beurre, puis, aussitôt les assiettes lavées, rentrèrent
dans la chambre de l'agonisant.

La femme, tenant une petite lampe à mèche fumeuse, la pro-
mena devant le visage de son père. S'il n'avait pas respiré, on
l'aurait cru mort assurément.

155 Le lit des deux paysans était caché à l'autre bout de la
chambre, dans une espèce d'enfoncement. Ils se couchèrent
sans dire un mot, éteignirent la lumière, fermèrent les yeux ;
et bientôt deux ronflements inégaux, l'un plus profond, l'autre
plus aigu, accompagnèrent le râle interrompu du mourant.

160 Les rats couraient dans le grenier.

Le mari s'éveilla dès les premières pâleurs du jour. Son beau-
père vivait encore. Il secoua sa femme, inquiet de la résistance
du vieux.

« Dis donc, Phémie, i n' veut point finir. Qué qu' tu f'rais,
165 té ? »

Il la savait de bon conseil.

Elle répondit :

« I n' passera point l' jour, pour sûr. N'y a point n'à craindre.
Pour lors que l' maire n'opposera pas qu'on l'enterre tout de
170 même demain, vu qu'on l'a fait pour maître Rénard le pé, qu'a
trépassé juste aux semences. »

Il fut convaincu par l'évidence du raisonnement ; et il partit aux champs.

Sa femme fit cuire les douillons, puis accomplit toutes les
175 besognes de la ferme.

À midi, le vieux n'était point mort. Les gens de journée
loués pour le repiquage des cossards vinrent en groupe considérer l'ancien qui tardait à s'en aller. Chacun dit son mot, puis
ils repartirent dans les terres.

180   À six heures, quand on rentra, le père respirait encore. Son gendre, à la fin, s'effraya.

« Qué qu' tu f'rais, à c'te heure, té, Phémie ? »

Elle ne savait non plus que résoudre. On alla trouver le maire. Il promit qu'il fermerait les yeux et autoriserait l'enterrement le lendemain. L'officier de santé[1], qu'on alla voir, s'engagea aussi, pour obliger maître Chicot, à antidater le certificat de décès. L'homme et la femme rentrèrent tranquilles.

Ils se couchèrent et s'endormirent comme la veille, mêlant leurs souffles sonores au souffle plus faible du vieux.

190   Quand ils s'éveillèrent, il n'était point mort.

Alors, ils furent atterrés. Ils restaient debout, au chevet du père, le considérant avec méfiance, comme s'il avait voulu leur jouer un vilain tour, les tromper, les contrarier par plaisir, et ils lui en voulaient surtout du temps qu'il leur faisait perdre.

195   Le gendre demanda :

« Qué que j'allons faire ? »

Elle n'en savait rien ; elle répondit :

« C'est-i contrariant, tout d' même ! »

On ne pouvait maintenant prévenir tous les invités, qui allaient arriver sur l'heure. On résolut de les attendre, pour leur expliquer la chose.

Vers sept heures moins dix, les premiers apparurent. Les femmes en noir, la tête couverte d'un grand voile, s'en venaient d'un air triste. Les hommes, gênés dans leurs vestes de drap, s'avançaient plus délibérément, deux par deux, en devisant des affaires.

Maître[2] Chicot et sa femme, effarés, les reçurent en se désolant ; et tous deux, tout à coup, au même moment, en abordant le premier groupe, se mirent à pleurer. Ils expliquaient

---

1. *officier de santé* : c'était, en quelque sorte, un médecin régional. Il ne pouvait exercer sa pratique que dans le département où il avait fait ses études.

2. *Maître* : « III. 1. vx (suivi du nom ou du prénom) Titre donné autrefois familièrement [...] aux paysans, aux artisans. » (*Le Petit Robert 1*)

210 l'aventure, contaient leur embarras, offraient des chaises, se
remuaient, s'excusaient, voulaient prouver que tout le monde
aurait fait comme eux, parlaient sans fin, devenus brusquement bavards à ne laisser personne leur répondre.

Ils allaient de l'un à l'autre :

215 « Je l'aurions point cru ; c'est point croyable qu'il aurait duré
comme ça ! »

Les invités interdits, un peu déçus, comme des gens qui
manquent une cérémonie attendue, ne savaient que faire, demeuraient assis ou debout. Quelques-uns voulurent s'en aller.
220 Maître Chicot les retint :

« J'allons casser une croûte tout d' même. J'avions fait des
douillons ; faut bien n'en profiter. »

Les visages s'éclairèrent à cette pensée. On se mit à causer
à voix basse. La cour peu à peu s'emplissait ; les premiers venus
225 disaient la nouvelle aux nouveaux arrivants. On chuchotait,
l'idée des douillons égayant tout le monde.

Les femmes entraient pour regarder le mourant. Elles se
signaient auprès du lit, balbutiaient une prière, ressortaient.
Les hommes, moins avides de ce spectacle, jetaient un coup
230 d'œil de la fenêtre qu'on avait ouverte .

Mme Chicot expliquait l'agonie :

« V'là deux jours qu'il est comme ça, ni plus ni moins, ni
plus haut ni plus bas. Dirait-on point eune[1] pompe qu'a pu
d'iau[2] ? »

235 Quand tout le monde eut vu l'agonisant, on pensa à la col-
lation ; mais comme on était trop nombreux pour tenir dans
la cuisine, on sortit la table devant la porte. Les quatre douzaines de douillons, dorés, appétissants, tiraient les yeux[3], dis-
posés dans deux grands plats. Chacun avançait le bras pour

---

1. *eune* : « une » (prononciation régionale).
2. *iau* : « au » (prononciation régionale).
3. *tiraient les yeux* : « I. A. 4. (fin XVᵉ) FIG. et VX Attirer. » (*Le Petit Robert 1*)

240 prendre le sien, craignant qu'il n'y en eût pas assez. Mais il
en resta quatre.

Maître Chicot, la bouche pleine, prononça :

« S'i nous véyait[1], l' pé, ça lui ferait deuil[2]. C'est li qui les
aimait d' son vivant. »

245 Un gros paysan jovial déclara :

« I n'en mangera pu, à c't' heure. Chacun son tour. »

Cette réflexion, loin d'attrister les invités, sembla les réjouir.
C'était leur tour, à eux, de manger des boules.

Mme Chicot, désolée de la dépense, allait sans cesse au cel-
250 lier chercher du cidre. Les brocs se suivaient et se vidaient coup
sur coup. On riait maintenant, on parlait fort, on commençait à crier comme on crie dans les repas.

Tout à coup une vieille paysanne qui était restée près du
moribond, retenue par une peur avide de cette chose qui lui
255 arriverait bientôt à elle-même, apparut à la fenêtre et cria d'une
voix aiguë :

« Il a passé ! Il a passé ! »

Chacun se tut. Les femmes se levèrent vivement pour aller
voir.

260 Il était mort, en effet. Il avait cessé de râler. Les hommes
se regardaient, baissaient les yeux, mal à leur aise. On n'avait
pas fini de mâcher les boules. Il avait mal choisi son moment,
ce gredin-là.

Les Chicot, maintenant, ne pleuraient plus. C'était fini, ils
265 étaient tranquilles. Ils répétaient :

« J' savions bien qu' ça n' pouvait point durer. Si seulement
il avait pu s' décider c'te nuit, ça n'aurait point fait tout ce dé-
rangement. »

N'importe, c'était fini. On l'enterrerait lundi, voilà tout, et
270 on remangerait des douillons pour l'occasion.

---

1. *véyait* : « voyait » (prononciation régionale).
2. *lui ferait deuil* : lui ferait de la peine, lui causerait du chagrin (de ne plus pouvoir en
manger). Variante de la locution familière *faire son deuil de quelque chose* : y renoncer, se résigner à en être privé.

Les invités s'en allèrent, en causant de la chose, contents tout de même d'avoir vu ça et aussi d'avoir cassé une croûte.

Et quand l'homme et la femme furent demeurés tout seuls, face à face, elle dit, la figure contractée par l'angoisse :

275 « Faudra tout d' même r'cuire quatre douzaines de boules ! Si seulement il avait pu s' décider c'te nuit ! »

Et le mari, plus résigné, répondit :

« Ça n' serait pas à refaire tous les jours. »

Paru dans *Le Gaulois* le 6 janvier 1884.

Adieu

Les deux amis achevaient de dîner. De la fenêtre du café ils voyaient le boulevard couvert de monde. Ils sentaient passer ces souffles tièdes qui courent dans Paris par les douces nuits d'été, et font lever la tête aux passants et donnent envie
5 de partir, d'aller là-bas, on ne sait où, sous des feuilles, et font rêver de rivières éclairées par la lune, de vers luisants[1] et de rossignols.

L'un d'eux, Henri Simon, prononça, en soupirant profondément :

10 « Ah ! je vieillis. C'est triste. Autrefois, par des soirs pareils, je me sentais le diable au corps. Aujourd'hui je ne me sens plus que des regrets. Ça va vite, la vie ! »

Il était un peu gros déjà, vieux de quarante-cinq ans peut-être et très chauve.

15 L'autre, Pierre Carnier, un rien plus âgé, mais plus maigre et plus vivant, reprit :

« Moi, mon cher, j'ai vieilli sans m'en apercevoir le moins du monde. J'étais toujours gai, gaillard, vigoureux et le reste. Or, comme on se regarde chaque jour dans son miroir, on ne
20 voit pas le travail de l'âge s'accomplir, car il est lent, régulier, et il modifie le visage si doucement que les transitions sont insensibles. C'est uniquement pour cela que nous ne mourons pas de chagrin après deux ou trois ans seulement de ravages. Car nous ne les pouvons apprécier. Il faudrait, pour
25 s'en rendre compte, rester six mois sans regarder sa figure – oh ! alors quel coup !

« Et les femmes, mon cher, comme je les plains, les pauvres êtres ! Tout leur bonheur, toute leur puissance, toute leur vie sont dans leur beauté qui dure dix ans.

---

1. *vers luisants* : larves ou femelles de lampyre ; lucioles. (*Le Petit Robert 1*)

30   « Donc, moi, j'ai vieilli sans m'en douter, je me croyais
presque un adolescent alors que j'avais près de cinquante ans.
Ne me sentant aucune infirmité d'aucune sorte, j'allais, heureux et tranquille.

      « La révélation de ma décadence m'est venue d'une façon
35   simple et terrible qui m'a atterré pendant près de six mois…
puis j'en ai pris mon parti.

      « J'ai été souvent amoureux, comme tous les hommes, mais
principalement une fois. »

                                  *

      Je l'avais rencontrée au bord de la mer, à Étretat[1], voici
40   douze ans environ, un peu après la guerre. Rien de gentil
comme cette plage, le matin, à l'heure des bains. Elle est
petite, arrondie en fer à cheval, encadrée par ces hautes falaises blanches percées de ces trous singuliers qu'on nomme
les Portes, l'une énorme, allongeant dans la mer sa jambe de
45   géante, l'autre en face, accroupie et ronde ; la foule des femmes
se rassemble, se masse sur l'étroite langue de galets qu'elle
couvre d'un éclatant jardin de toilettes claires, dans ce cadre
de hauts rochers. Le soleil tombe en plein sur les côtes, sur
les ombrelles de toutes nuances, sur la mer d'un bleu verdâtre ;
50   et tout cela est gai et charmant, sourit aux yeux. On va
s'asseoir tout contre l'eau, et on regarde les baigneuses. Elles
descendent, drapées dans un peignoir de flanelle qu'elles
rejettent d'un joli mouvement en atteignant la frange d'écume
des courtes vagues ; et elles entrent dans la mer, d'un petit pas
55   rapide qu'arrête parfois un frisson de froid délicieux, une
courte suffocation.

---

1. *Étretat* : jusqu'au milieu du XIXᵉ siècle, c'était un village de pêcheurs et un endroit
de villégiature assez peu connu. Sa plage de galets et ses falaises sont devenus célèbres quand des écrivains comme Maupassant et Maurice Leblanc – le créateur du
personnage d'Arsène Lupin – les ont décrites dans leurs œuvres, et que des peintres
comme Corot ou Monet en ont fait le sujet de leurs toiles.

Bien peu résistent à cette épreuve du bain. C'est là qu'on les juge, depuis le mollet jusqu'à la gorge. La sortie surtout révèle les faibles, bien que l'eau de mer soit d'un puissant
60   secours aux chairs amollies.

La première fois que je vis ainsi cette jeune femme, je fus ravi et séduit. Elle tenait bon, elle tenait ferme. Puis il y a des figures dont le charme entre en nous brusquement, nous envahit tout d'un coup. Il semble qu'on trouve la femme qu'on
65   était né pour aimer. J'ai eu cette sensation et cette secousse.

Je me fis présenter et je fus bientôt pincé comme je ne l'avais jamais été. Elle me ravageait le cœur. C'est une chose effroyable et délicieuse que de subir ainsi la domination d'une femme. C'est presque un supplice et, en même temps, un incroyable
70   bonheur. Son regard, son sourire, les cheveux de sa nuque quand la brise les soulevait, toutes les plus petites lignes de son visage, les moindres mouvements de ses traits, me ravissaient, me bouleversaient, m'affolaient. Elle me possédait par toute sa personne, par ses gestes, par ses attitudes, même
75   par les choses qu'elle portait qui devenaient ensorcelantes. Je m'attendrissais à voir sa voilette sur un meuble, ses gants jetés sur un fauteuil. Ses toilettes me semblaient inimitables. Personne n'avait des chapeaux pareils aux siens.

Elle était mariée, mais l'époux venait tous les samedis pour
80   repartir les lundis. Il me laissait d'ailleurs indifférent. Je n'en étais point jaloux, je ne sais pourquoi, jamais un être ne me parut avoir aussi peu d'importance dans la vie, n'attira moins mon attention que cet homme.

Comme je l'aimais, elle ! Et comme elle était belle, gracieuse
85   et jeune ! C'était la jeunesse, l'élégance et la fraîcheur mêmes. Jamais je n'avais senti de cette façon comme la femme est un être joli, fin, distingué, délicat, fait de charme et de grâce. Jamais je n'avais compris ce qu'il y a de beauté séduisante dans la courbe d'une joue, dans le mouvement d'une lèvre,
90   dans les plis ronds d'une petite oreille, dans la forme de ce sot organe qu'on nomme le nez.

Cela dura trois mois, puis je partis pour l'Amérique, le cœur broyé de désespoir. Mais sa pensée demeura en moi, persistante, triomphante. Elle me possédait de loin comme elle m'avait possédé de près. Des années passèrent. Je ne l'oubliais point. Son image charmante restait devant mes yeux et dans mon cœur. Et ma tendresse lui demeurait fidèle, une tendresse tranquille, maintenant, quelque chose comme le souvenir aimé de ce que j'avais rencontré de plus beau et de plus séduisant dans la vie.

Douze ans sont si peu de chose dans l'existence d'un homme! On ne les sent point passer! Elles vont l'une après l'autre, les années, doucement et vite, lentes et pressées, chacune est longue et si tôt finie! Et elles s'additionnent si promptement, elles laissent si peu de trace derrière elles, elles s'évanouissent si complètement qu'en se retournant pour voir le temps parcouru on n'aperçoit plus rien, et on ne comprend pas comment il se fait qu'on soit vieux.

Il me semblait vraiment que quelques mois à peine me séparaient de cette saison charmante sur le galet[1] d'Étretat.

J'allais au printemps dernier dîner à Maisons-Laffitte[2], chez des amis. Au moment où le train partait, une grosse dame monta dans mon wagon, escortée de quatre petites filles. Je jetai à peine un coup d'œil sur cette mère poule très large, très ronde, avec une face de pleine lune qu'encadrait un chapeau enrubanné.

Elle respirait fortement, essoufflée d'avoir marché vite. Et les enfants se mirent à babiller. J'ouvris mon journal et je commençai à lire.

Nous venions de passer Asnières, quand ma voisine me dit tout à coup:

---

1. *galet*: voir la note sur Étretat, page 153.
2. *Maisons-Laffitte*: situé à une vingtaine de kilomètres de Paris, c'était déjà un centre de villégiature huppé, à l'époque de Maupassant.

« Pardon, Monsieur, n'êtes-vous pas Monsieur Carnier ?

« Oui, Madame. »

Alors elle se mit à rire, d'un rire content de brave femme,
125 et un peu triste pourtant.

« Vous ne me reconnaissez pas ? »

J'hésitais. Je croyais bien en effet avoir vu quelque part ce
visage ; mais où ? mais quand ? Je répondis :

« Oui… et non… Je vous connais certainement, sans
130 retrouver votre nom. »

Elle rougit un peu.

« Madame Julie Lefèvre. »

Jamais je ne reçus un pareil coup. Il me sembla en une seconde que tout était fini pour moi ! Je sentais seulement qu'un
135 voile s'était déchiré devant mes yeux et que j'allais découvrir
des choses affreuses et navrantes.

C'était elle ! cette grosse femme commune, elle ? Et elle avait
pondu ces quatre filles depuis que je ne l'avais vue. Et ces
petits êtres m'étonnaient autant que leur mère elle-même. Ils
140 sortaient d'elle ; ils étaient grands déjà, ils avaient pris place
dans la vie. Tandis qu'elle ne comptait plus, elle, cette
merveille de grâce coquette et fine. Je l'avais vue hier, me
semblait-il, et je la retrouvais ainsi ! Était-ce possible ? Une
douleur violente m'étreignait le cœur, et aussi une révolte
145 contre la nature même, une indignation irraisonnée contre
cette œuvre brutale, infâme de destruction.

Je la regardais effaré. Puis je lui pris la main ; et des larmes
me montèrent aux yeux. Je pleurais sa jeunesse, je pleurais
sa mort. Car je ne connaissais point cette grosse dame.
150 Elle, émue aussi, balbutia :

« Je suis bien changée, n'est-ce pas ? Que voulez-vous, tout
passe. Vous voyez, je suis devenue une mère, rien qu'une mère,
une bonne mère. Adieu le reste, c'est fini. Oh ! je pensais bien
que vous ne me reconnaîtriez pas, si nous nous rencontrions
155 jamais. Vous aussi, d'ailleurs, vous êtes changé ; il m'a fallu
quelque temps pour être sûre de ne me point tromper. Vous

êtes devenu tout blanc. Songez. Voici douze ans ! Douze ans !
Ma fille aînée a dix ans déjà… »

Je regardai l'enfant. Et je retrouvai en elle quelque chose
160 du charme ancien de sa mère, mais quelque chose d'indécis
encore, de peu formé, de prochain. Et la vie m'apparut rapide
comme un train qui passe.

Nous arrivions à Maisons-Laffitte. Je baisai la main de ma
vieille amie. Je n'avais rien trouvé à lui dire que d'affreuses
165 banalités. J'étais trop bouleversé pour parler.

Le soir, tout seul, chez moi, je me regardai longtemps dans
ma glace, très longtemps. Et je finis par me rappeler ce que
j'avais été, par revoir en pensée ma moustache brune et mes
cheveux noirs, et la physionomie jeune de mon visage.
170 Maintenant j'étais vieux. Adieu.

Paru dans *Gil Blas* le 18 mars 1884.

Lui ?

Mon cher ami, tu n'y comprends rien ? et je le conçois. Tu me crois devenu fou ? Je le suis peut-être un peu, mais non pas pour les raisons que tu supposes.

Oui. Je me marie. Voilà.

5 Et pourtant mes idées et mes convictions n'ont pas changé. Je considère l'accouplement légal comme une bêtise. Je suis certain que huit maris sur dix sont cocus. Et ils ne méritent pas moins pour avoir eu l'imbécillité d'enchaîner leur vie, de renoncer à l'amour libre, la seule chose gaie et bonne 10 au monde, de couper l'aile à la fantaisie qui nous pousse sans cesse à toutes les femmes, etc., etc. Plus que jamais je me sens incapable d'aimer une femme parce que j'aimerai toujours trop toutes les autres. Je voudrais avoir mille bras, mille lèvres et mille… tempéraments pour pouvoir étreindre en même temps 15 une armée de ces êtres charmants et sans importance.

Et cependant je me marie.

J'ajoute que je ne connais guère ma femme de demain. Je l'ai vue seulement quatre ou cinq fois. Je sais qu'elle ne me déplaît point ; cela me suffit pour ce que j'en veux faire. Elle 20 est petite, blonde et grasse. Après demain, je désirerai ardemment une femme grande, brune et mince.

Elle n'est pas riche. Elle appartient à une famille moyenne. C'est une jeune fille comme on en trouve à la grosse[1], bonnes à marier, sans qualités et sans défauts apparents, dans la bour- 25 geoisie ordinaire. On dit d'elle : « Mlle Lajolle est bien gentille. » On dira demain : « Elle est fort gentille, Mme Raymon. » Elle appartient enfin à la légion des jeunes filles honnêtes « dont on est heureux de faire sa femme » jusqu'au jour où on découvre qu'on préfère justement toutes les autres 30 femmes à celle qu'on a choisie.

---

1. *à la grosse* : douze douzaines ; voir *grosse* (sens 3) dans *Le Petit Robert 1*.

Alors pourquoi me marier, diras-tu ?

J'ose à peine t'avouer l'étrange et invraisemblable raison qui me pousse à cet acte insensé.

Je me marie pour n'être pas seul !

35 Je ne sais comment dire cela, comment me faire comprendre. Tu auras pitié de moi, et tu me mépriseras, tant mon état d'esprit est misérable.

Je ne veux plus être seul, la nuit. Je veux sentir un être près de moi, contre moi, un être qui peut parler, dire quelque

40 chose, n'importe quoi.

Je veux pouvoir briser son sommeil ; lui poser une question quelconque brusquement, une question stupide pour entendre une voix, pour sentir habitée ma demeure, pour sentir une âme en éveil, un raisonnement en travail, pour voir,

45 allumant brusquement ma bougie, une figure humaine à mon côté… parce que… parce que… (je n'ose pas avouer cette honte)… parce que j'ai peur, tout seul.

Oh ! tu ne me comprends pas encore.

Je n'ai pas peur d'un danger. Un homme entrerait, je le tue-

50 rais sans frissonner. Je n'ai pas peur des revenants ; je ne crois pas au surnaturel. Je n'ai pas peur des morts ; je crois à l'anéantissement définitif de chaque être qui disparaît .

Alors !… Oui, alors !… Eh bien ! j'ai peur de moi ! j'ai peur de la peur ; peur des spasmes de mon esprit qui s'affole, peur

55 de cette horrible sensation de la terreur incompréhensible.

Ris si tu veux. Cela est affreux, inguérissable. J'ai peur des murs, des meubles, des objets familiers qui s'animent, pour moi, d'une sorte de vie animale. J'ai peur surtout du trouble horrible de ma pensée, de ma raison qui m'échappe brouillée,

60 dispersée par une mystérieuse et invisible angoisse.

Je sens d'abord une vague inquiétude qui me passe dans l'âme et me fait courir un frisson sur la peau. Je regarde autour de moi. Rien ! Et je voudrais quelque chose ! Quoi ? Quelque chose de compréhensible. Puisque j'ai peur uni-

65 quement parce que je ne comprends pas ma peur.

Je parle ! j'ai peur de ma voix. Je marche ! j'ai peur de l'inconnu de derrière la porte, de derrière le rideau, de dans l'armoire, de sous le lit. Et pourtant je sais qu'il n'y a rien nulle part.

70 Je me retourne brusquement parce que j'ai peur de ce qui est derrière moi, bien qu'il n'y ait rien et que je le sache.

Je m'agite, je sens mon effarement grandir ; et je m'enferme dans ma chambre ; et je m'enfonce dans mon lit, et je me cache sous mes draps ; et blotti, roulé comme une boule, je ferme
75 les yeux désespérément, et je demeure ainsi pendant un temps infini avec cette pensée que ma bougie demeure allumée sur ma table de nuit et qu'il faudrait pourtant l'éteindre. Et je n'ose pas.

N'est-ce pas affreux, d'être ainsi ?

80 Autrefois je n'éprouvais rien de cela. Je rentrais tranquillement. J'allais et je venais en mon logis sans que rien troublât la sérénité de mon âme. Si l'on m'avait dit quelle maladie de peur invraisemblable, stupide et terrible, devait me saisir un jour, j'aurais bien ri ; j'ouvrais les portes dans l'ombre
85 avec assurance ; je me couchais lentement sans pousser les verrous, et je ne me relevais jamais au milieu des nuits pour m'assurer que toutes les issues de ma chambre étaient fortement closes.

Cela a commencé l'an dernier d'une singulière façon.
90 C'était en automne, par un soir humide. Quand ma bonne fut partie, après mon dîner, je me demandai ce que j'allais faire. Je marchai quelque temps à travers ma chambre. Je me sentais las, accablé sans raison, incapable de travailler, sans force même pour lire. Une pluie fine mouillait les vitres ; j'étais triste, tout
95 pénétré par une de ces tristesses sans causes qui vous donnent envie de pleurer, qui vous font désirer de parler à n'importe qui pour secouer la lourdeur de notre[1] pensée.

---

1. *notre* : on s'attendrait à *votre* vu l'emploi du *vous* dans cette phrase. Cependant, compte tenu de l'effet de dédoublement que ressent le personnage, le *nous* se justifie.

Je me sentais seul. Mon logis me paraissait vide comme il n'avait jamais été. Une solitude infinie et navrante m'entou-
100 rait. Que faire ? Je m'assis. Alors une impatience nerveuse me courut dans les jambes. Je me relevai, et je me remis à marcher. J'avais peut-être aussi un peu de fièvre, car mes mains, que je tenais rejointes derrière mon dos, comme on fait souvent quand on se promène avec lenteur, se brûlaient l'une à
105 l'autre, et je le remarquai. Puis soudain un frisson de froid me courut dans le dos. Je pensai que l'humidité du dehors entrait chez moi, et l'idée de faire du feu me vint. J'en allumai ; c'était la première fois de l'année. Et je m'assis de nouveau en regardant la flamme. Mais bientôt l'impossibilité de rester en
110 place me fit encore me relever, et je sentis qu'il fallait m'en aller, me secouer, trouver un ami.

Je sortis. J'allai chez trois camarades que je ne rencontrai pas ; puis, je gagnai le boulevard, décidé à découvrir une personne de connaissance.
115 Il faisait triste partout. Les trottoirs trempés luisaient. Une tiédeur d'eau, une de ces tiédeurs qui vous glacent par frissons brusques, une tiédeur pesante de pluie impalpable accablait la rue, semblait lasser et obscurcir la flamme du gaz.

J'allais d'un pas mou, me répétant : « Je ne trouverai per-
120 sonne avec qui causer. »

J'inspectai plusieurs fois les cafés, depuis la Madeleine jusqu'au faubourg Poissonnière. Des gens tristes, assis devant des tables, semblaient n'avoir pas même la force de finir leurs consommations.
125 J'errai longtemps ainsi, et, vers minuit, je me mis en route pour rentrer chez moi. J'étais fort calme, mais fort las. Mon concierge, qui se couche avant onze heures, m'ouvrit tout de suite, contrairement à son habitude ; et je pensai : « Tiens, un autre locataire vient sans doute de remonter. »
130 Quand je sors de chez moi, je donne toujours à ma porte deux tours de clef. Je la trouvai simplement tirée, et cela me frappa. Je supposai qu'on m'avait monté des lettres dans la soirée.

J'entrai. Mon feu brûlait encore et éclairait même un peu
l'appartement. Je pris une bougie pour aller l'allumer au foyer,
135   lorsque, en jetant les yeux devant moi, j'aperçus quelqu'un
assis dans mon fauteuil, et qui se chauffait les pieds en me
tournant le dos.

Je n'eus pas peur, oh! non, pas le moins du monde. Une
supposition très vraisemblable me traversa l'esprit; celle qu'un
140   de mes amis était venu pour me voir. La concierge, prévenue
par moi à ma sortie, avait dit que j'allais rentrer, avait prêté
sa clef. Et toutes les circonstances de mon retour, en une seconde, me revinrent à la pensée: le cordon tiré tout de suite,
ma porte seulement poussée.

145   Mon ami, dont je ne voyais que les cheveux, s'était endormi
devant mon feu en m'attendant, et je m'avançai pour le réveiller. Je le voyais parfaitement, un de ses bras pendant à
droite; ses pieds étaient croisés l'un sur l'autre; sa tête, penchée un peu sur le côté gauche du fauteuil, indiquait bien le
150   sommeil. Je me demandais: « Qui est-ce? » On y voyait peu
d'ailleurs dans la pièce. J'avançai la main pour lui toucher
l'épaule!…

Je rencontrai le bois du siège! Il n'y avait plus personne.
Le fauteuil était vide!

155   Quel sursaut, miséricorde!

Je reculai d'abord comme si un danger terrible eût apparu
devant moi.

Puis je me retournai, sentant quelqu'un derrière mon dos;
puis, aussitôt un impérieux besoin de revoir le fauteuil me fit
160   pivoter encore une fois. Et je demeurai debout, haletant
d'épouvante, tellement éperdu que je n'avais plus une
pensée, prêt à tomber.

Mais je suis un homme de sang-froid, et tout de suite la raison me revint. Je songeai: «Je viens d'avoir une hallucination,
165   voilà tout. » Et je réfléchis immédiatement sur ce phénomène.
La pensée va vite dans ces moments-là.

J'avais eu une hallucination – c'était là un fait incontestable. Or, mon esprit était demeuré tout le temps lucide, fonctionnant régulièrement et logiquement. Il n'y avait donc aucun trouble du côté du cerveau. Les yeux seuls s'étaient trompés, avaient trompé ma pensée. Les yeux avaient eu une vision, une de ces visions qui font croire aux miracles les gens naïfs. C'était là un accident nerveux de l'appareil optique, rien de plus, un peu de congestion peut-être.

Et j'allumai ma bougie. Je m'aperçus, en me baissant vers le feu, que je tremblais, et je me relevai d'une secousse, comme si on m'eût touché par derrière.

Je n'étais point tranquille assurément.

Je fis quelques pas ; je parlai haut. Je chantai à mi-voix quelques refrains.

Puis je fermai la porte de ma chambre à double tour, et je me sentis un peu rassuré. Personne ne pouvait entrer, au moins.

Je m'assis encore et je réfléchis longtemps à mon aventure ; puis je me couchai, et je soufflai ma lumière[1].

Pendant quelques minutes, tout alla bien. Je restais sur le dos, assez paisiblement. Puis le besoin me vint de regarder dans ma chambre, et je me mis sur le côté.

Mon feu n'avait plus que deux ou trois tisons rouges qui éclairaient juste les pieds du fauteuil, et je crus revoir l'homme assis dessus.

J'enflammai une allumette d'un mouvement rapide. Je m'étais trompé, je ne voyais plus rien.

Je me levai, cependant, et j'allai cacher le fauteuil derrière mon lit.

Puis je refis l'obscurité et je tâchai de m'endormir. Je n'avais pas perdu connaissance depuis plus de cinq minutes, quand j'aperçus en songe, et nettement comme dans la réalité, toute

---

1. *soufflai ma lumière* : par métonymie dans le sens de « souffler la bougie pour l'éteindre ».

la scène de la soirée. Je me réveillai éperdument, et, ayant
200 éclairé mon logis, je demeurai assis dans mon lit, sans oser
même essayer de redormir.

Deux fois cependant le sommeil m'envahit, malgré moi,
pendant quelques secondes. Deux fois je revis la chose. Je me
croyais devenu fou.

205 Quand le jour parut, je me sentis guéri et je sommeillai paisiblement jusqu'à midi.

C'était fini, bien fini. J'avais eu la fièvre, le cauchemar, que
sais-je? J'avais été malade, enfin. Je me trouvai néanmoins fort
bête.

210 Je fus très gai ce jour-là. Je dînai au cabaret; j'allai voir le
spectacle, puis je me mis en chemin pour rentrer. Mais voilà
qu'en approchant de ma maison une inquiétude étrange me
saisit. J'avais peur de le revoir, lui. Non pas peur de lui, non
pas peur de sa présence, à laquelle je ne croyais point, mais
215 j'avais peur d'un trouble nouveau de mes yeux, peur de l'hallucination, peur de l'épouvante qui me saisirait.

Pendant plus d'une heure, j'errai de long en large sur le trot-
toir; puis je me trouvai trop imbécile à la fin et j'entrai. Je ha-
letais tellement que je ne pouvais plus monter mon escalier.
220 Je restai encore plus de dix minutes devant mon logement sur
le palier, puis, brusquement, j'eus un élan de courage, un roi-
dissement de volonté. J'enfonçai ma clef; je me précipitai en
avant une bougie à la main, je poussai d'un coup de pied la
porte entrebâillée de ma chambre, et je jetai un regard effaré
225 vers la cheminée. Je ne vis rien.

– Ah!...

Quel soulagement! Quelle joie! Quelle délivrance! J'allais
et je venais d'un air gaillard. Mais je ne me sentais pas rassuré;
je me retournais par sursauts; l'ombre des coins m'inquiétait.
230 Je dormis mal, réveillé sans cesse par des bruits imaginaires.
Mais je ne le vis pas. Non. C'était fini!

Depuis ce jour-là j'ai peur tout seul, la nuit. Je la sens là, près de moi, autour de moi, la vision. Elle ne m'est point apparue de nouveau. Oh non ! Et qu'importe, d'ailleurs,
35 puisque je n'y crois pas, puisque je sais que ce n'est rien !

Elle me gêne cependant parce que j'y pense sans cesse. – Une main pendait du côté droit ; sa tête était penchée du côté gauche comme celle d'un homme qui dort… Allons, assez, nom de Dieu ! je n'y veux plus songer !

40 Qu'est-ce que cette obsession, pourtant ? Pourquoi cette persistance ? Ses pieds étaient tout près du feu !

Il me hante, c'est fou, mais c'est ainsi. Qui, Il ? Je sais bien qu'il n'existe pas, que ce n'est rien ! Il n'existe que dans mon appréhension, que dans ma crainte, que dans mon angoisse !
45 Allons, assez !…

Oui, mais j'ai beau me raisonner, me roidir[1], je ne peux plus rester seul chez moi, parce qu'il y est. Je ne le verrai plus, je le sais, il ne se montrera plus, c'est fini cela. Mais il y est tout de même, dans ma pensée. Il demeure invisible, cela n'em-
50 pêche qu'il y soit. Il est derrière les portes, dans l'armoire fermée, sous le lit, dans tous les coins obscurs, dans toutes les ombres. Si je tourne la porte, si j'ouvre l'armoire, si je baisse ma lumière sous le lit, si j'éclaire les coins, les ombres, il n'y est plus ; mais alors je le sens derrière moi. Je me retourne,
55 certain cependant que je ne le verrai pas, que je ne le verrai plus. Il n'en est pas moins derrière moi, encore.

C'est stupide, mais c'est atroce. Que veux-tu ? Je n'y peux rien.

Mais si nous étions deux chez moi, je sens, oui, je sens
60 assurément qu'il n'y serait plus ! Car il est là parce que je suis seul, uniquement parce que je suis seul !

Paru dans Gil Blas le 3 juillet 1883,
sous la signature Maufrigneuse[2].

---

1. *roidir* : graphie ancienne de *raidir*.
2. *Maufrigneuse* : voir la note 1, page 38.

DEUXIÈME PARTIE

Étude
de deux récits

Coco

La folle

> **PREMIÈRE ANALYSE**

Coco

Coco n'est pas une nouvelle très célèbre ; elle n'en offre pas moins un bon exemple du talent de nouvelliste de Maupassant. La complexité de sa construction ne gâche pas le simple plaisir de sa lecture, au contraire ; et l'histoire, somme toute banale, portant sur un thème toujours d'actualité, se déroule comme une tragédie.

PETIT LEXIQUE PRÉPARATOIRE À LA COMPRÉHENSION DU TEXTE

Nous vous suggérons de chercher dans *Le Petit Robert 1* les mots en caractères gras, dont vous auriez intérêt à vous méfier. Cette recherche vous amènera à mieux comprendre le texte, en vous aidant notamment à saisir certaines nuances de la langue française du XIXᵉ siècle, en apparence proche de la nôtre, mais qui nous réserve parfois des surprises. Ce faisant, remarquez bien l'étymologie des mots et notez le moment de leur apparition dans la langue. Voici ce que votre recherche pourrait révéler.

MÉTAIRIE (ligne 2) — 1509 ; *moitoierie* v. 1200 ; de *métayer*. **1.** Domaine agricole exploité selon le système de métayage. *Métayage* : Mode d'exploitation agricole, louage d'un domaine rural à un preneur (un métayer) qui s'engage à le cultiver sous condition d'en partager les fruits et récoltes avec le propriétaire (bail à partage de fruits). **2.** Les bâtiments de la métairie.

Le contexte de même que les guillemets indiquent que la ferme des Lucas n'est pas une vraie métairie ; on la désigne ainsi parce qu'elle est vaste et bien tenue.

OPULENT (ligne 5) — 1356 ; lat. *opulentus*. **1.** Qui est très riche, qui est dans l'opulence.

GOUJAT (ligne 27) — *gougeas* plur. XVᵉ ; de l'a. occitan *goyat* « garçon », hébr. *goya* « servante chrétienne » → goy

2. (v. 1720) fig. vieilli Rustre. — mod. Homme sans usage, manquant de savoir-vivre et d'honnêteté, et dont les indélicatesses sont offensantes.

Le *Littré*, dictionnaire du xixe siècle, donne : « Valet de ferme ». Ce mot semble donc indicatif de la situation sociale (valet de ferme) et de l'éducation (rustre) de Zidore.

GROS (ligne 33) — **4.** Qui est temporairement, anormalement gros. ⇒ **enflé**.

ROSSE (ligne 39) — 1596 ; *ros* masc. 1165 ; all. *Ross* « cheval, coursier ». **1.** vieilli Mauvais cheval.

PLAISANTER (ligne 42) — **II.** V. tr. (1718) (Compl. personne) Railler légèrement, sans méchanceté.

ÂME (ligne 48) — **2.** Un des deux principes composant l'homme, principe de la sensibilité et de la pensée. **3.** Principe de la vie morale, conscience morale.

BRUTE (ligne 48) — **2.** Personne grossière, sans esprit (voir ce mot) **3.** Personne brutale, violente.

MOMENT (ligne 51) — **7.** Loc. conj. du moment où, que. — mod. Puisque, dès lors que, dans la mesure où.

BIDET (ligne 53) — **1.** Petit cheval de selle. Par ext. et souvent par plais. Cheval.

REMUER (ligne 59) — v. 1175 ; aussi « transporter, muter, changer » en a. fr. ; de *re-* et *muer*. **1.** Faire changer de position, faire bouger.

Cet emploi transitif, courant pour désigner un objet ou une partie du corps, l'est peu pour désigner un animal ou une personne ; il s'agit peut-être d'une tournure régionale.

‾‾‾
COMPLIMENT (ligne 63) — **2.** Formule de civilité, de politesse.

‾‾‾
PISTE (ligne 69) — **2.** (XVIᵉ) Traces des chevaux dans un manège ; partie du manège où ils marchent.

‾‾‾
CARCASSE (ligne 98) — **1.** Ensemble des ossements décharnés du corps (d'un animal), qui tiennent encore les uns aux autres.

ANALYSE DU TEXTE

Puisque vous en êtes à votre première analyse, vous trouverez ici soit des pistes ou des conseils, soit des éléments de réponses, qui peuvent prendre la forme de résumés ou d'amorces. Il vous appartient de développer vos réponses dans des phrases complètes. Afin de vous guider dans cette tâche, la réponse à la première question de chacune des trois approches vous est donnée dans une forme plus achevée.

PREMIÈRE APPROCHE : COMPRENDRE LE TEXTE

Les questions qui suivent visent à bien vous faire saisir le sens général du texte et plus particulièrement la portée de certains mots, tournures, courts passages ou constructions syntaxiques. Certaines de ces questions pourraient être reprises plus loin, de manière à vous permettre d'atteindre une compréhension plus fine, plus nuancée, plus intégrée du texte.

1. Toute l'histoire se passe à la ferme des Lucas. Trouvez les trois lieux où l'action se passe, puis caractérisez chacun d'eux.

   • Il y a d'abord la ferme elle-même, ses bâtiments et ses occupants, décrite au début du récit jusqu'à la ligne 26, et où on ne reviendra que brièvement, à la toute fin du texte, des lignes 142 à 146. Elle est présentée comme « vaste », « opulente » et « ordonnée » (ligne 5).

   C'est un lieu apparemment idéal et égalitaire : maîtres, valets et servantes mangent à la même table (lignes 16-17), et les bêtes y sont bien traitées : elles sont « grasses, soignées et propres » (ligne 20). C'est également un lieu impressionnant pour les gens de la région, puisqu'ils disent qu'il s'agit d'une « métairie » (ligne 2).

À l'écart de ce monde prospère et parfaitement organisé, il y a :

- « Le fond de l'écurie » (ligne 23). Alors que la ferme est décrite sur une vingtaine de lignes, cet espace ne l'est pas. Tout ce que l'on en sait, c'est qu'il s'agit d'un lieu où est gardé, « par charité » (ligne 23) et par attachement nostalgique, le personnage éponyme, Coco, héros et victime du récit, qui y reçoit « sa mesure d'avoine et son fourrage » (ligne 29).
- Et, plus à l'écart encore, la « côte » (à partir de la ligne 30), lieu ouvert, indéfini, dont on sait seulement qu'il y pousse de l'herbe. C'est là que va se passer l'essentiel de l'action.

2. Selon le narrateur*, l'hostilité de Zidore, qui se manifeste des lignes 36 à 89, est attribuée à plusieurs causes. Trouvez ces causes, puis caractérisez-les en utilisant pour chacune un qualificatif.

- Les causes :
  - Le déplacement du cheval lui fait faire des efforts.
  - Le goujat est furieux des plaisanteries qu'on lui fait à propos de Coco.
  - Zidore s'indigne du gaspillage qu'il occasionne.
  - Le goujat a même l'impression que Coco est un voleur.
  - Enfin, Zidore ressent de la haine envers Coco.
- Les caractéristiques de cette haine sont de plusieurs ordres :
  - Physique : …
  - Social et psychologique : …
  - Économique : …
  - Moral : …
  - Inconscient : …

3. Trouvez les deux paragraphes qui présentent respectivement le portrait* physique de Coco et celui de Zidore.

Montrez ensuite que les mêmes aspects sont abordés dans les deux portraits.

- Les deux paragraphes :
  - …
  - …
- Pour chacun, il est question :
  - de leurs jambes : …
  - de leur pilosité : …
  - de leur allure négligée : …
  - de leurs déficiences : …

4. Comme dans plusieurs récits réalistes, l'histoire de *Coco* se déroule sur une certaine durée, qu'on peut répartir en quatre étapes distinctes : lignes 1 à 31 ; lignes 32 à 96 ; lignes 97 à 144 ; lignes 145-146. Pour chacune des étapes, précisez et qualifiez cette durée, en relevant dans chaque cas les indices temporels et en les commentant.

   - Lignes 1 à 31 :
     Au début, nous sommes dans un temps indéfini.
   - Lignes 32 à 96 :
     Le temps se précise progressivement, au fur et à mesure que se développe le récit.
   - Lignes 97 à 144 :
     Quand le drame se noue, le temps se resserre. Les journées sont déterminées par des déictiques*.
   - Lignes 145-146 :
     Ici, comme dans la première étape, la durée est floue mais, cette fois, il s'agit d'une projection dans l'avenir.

5. Trouvez tous les termes qui désignent les deux personnages principaux. Commentez les deux champs* lexicaux qui en résultent.

   - Zidore : « goujat » (six occurrences), « gars » (quatre occurrences)…
   - Coco : « cheval » (neuf occurrences), « invalide », « animal » (trois occurrences)…

DEUXIÈME APPROCHE : ANALYSER LE TEXTE

Ici, les questions approfondissent celles de l'étape précédente et, surtout, abordent les aspects formels du texte. Elles vous permettent d'en évaluer les sous-entendus, en montrant, par exemple, le rôle de la ponctuation ou du temps des verbes, en faisant voir la portée d'une figure de style, la force d'une argumentation*, l'effet de la tonalité* dominante du texte, etc. C'est aussi l'occasion de vous amener à faire des liens entre fond et forme, à saisir en somme ce qui fait le propre du texte littéraire. Ici encore, seule la première question est présentée avec une réponse complète.

6. Le narrateur* dit de la métairie qu'elle est « vaste », « opulente » et « ordonnée » (ligne 5). À l'aide de citations, montrez comment, des lignes 1 à 22, chacun des trois qualifiants est élaboré pour souligner le prestige de la ferme.

   - Vaste : la cour est « immense » (ligne 6) — on notera l'hyperbole* —, les écuries sont faites « pour trente chevaux » (ligne 10), la table où mangent maîtres, valets et servantes est « longue » (ligne 17).

   - Opulente : il y a « cinq rangs d'arbres magnifiques » (lignes 6-7), de « belles étables bâties en silex » (lignes 9-10), une maison qui ressemble « à un petit château » (lignes 11-12), des chiens qui habitent « en des niches » (ligne 14) et le maître des lieux qui prend « du ventre » (ligne 21).

   - Ordonnée : les arbres servent à « abriter contre le vent violent de la plaine les pommiers » (lignes 7-8), la cour enferme « de longs bâtiments couverts en tuiles pour conserver les fourrages et les grains » (lignes 8-9), les fumiers sont « bien tenus » (ligne 13), « chaque midi » on mange agréablement (ligne 16), les bêtes sont « soignées et propres » (ligne 20), et le propriétaire fait « sa ronde trois fois par jour, veillant sur tout et pensant à tout » (lignes 21-22).

   Les qualifiants ont donc tous des connotations* qui précisent, par des exemples qui sont autant de preuves, les trois grandes qualités de la ferme.

7. La nourriture occupe une place importante dans cette nouvelle. Après avoir trouvé les passages où il en est question, dites quel rôle elle joue dans le récit. Pour réaliser cet exercice, vous pouvez vous reporter à votre réponse à la question 2.

- Les passages où il est question de nourriture :
    - « de longs bâtiments couverts en tuiles pour conserver les fourrages et les grains » (lignes 8-9) ;
    - « la longue table de cuisine où fumait la soupe dans un grand vase de faïence » (lignes 17-18) ;
    - « que la maîtresse voulait nourrir » (ligne 24) ;
    - …
- Le rôle de la nourriture :
    - Qu'elle soit destinée aux humains ou aux animaux, elle est abondante à la ferme et donc…
    - Par ailleurs, c'est la nourriture qui constitue le lien principal entre…
    - De même, la privation progressive de nourriture devient l'instrument principal de la vengeance de Zidore…
    - Enfin, le cadavre de Coco se transforme, à la toute fin, en…

8. La cruauté physique ou mentale est très présente dans cette nouvelle. On peut même dire qu'elle progresse par étapes : des lignes 40 à 58 ; des lignes 59 à 89 ; des lignes 90 à 98 ; des lignes 99 à 128. Trouvez, pour chaque étape, les passages qui dénotent cette cruauté et commentez-les : comment peut-on qualifier cette cruauté ? de qui vient-elle ? comment se manifeste-t-elle ?

- Lignes 40 à 58 :
    Dans les trois passages suivants, on assiste à la naissance de la cruauté chez Zidore :
    - « Les gens de la ferme […] parlaient sans cesse du cheval à Zidore pour exaspérer le gamin. Ses camarades le plaisantaient. On l'appelait dans le village Coco-Zidore » (lignes 40-43).

La cruauté (généralisée, puisqu'elle est le fait de tout l'entourage de Zidore) se manifeste ici par des paroles qui tendent à exagérer les liens entre le garçon et le cheval…

– « il économisait sur la nourriture du cheval, ne lui versant qu'une demi-mesure, ménageant sa litière et son foin » (lignes 54-56).
    Il s'agit ici, sous prétexte d'économie…

– …

• Lignes 59 à 89 :
    Dans les trois passages suivants, c'est la cruauté au sens le plus courant du terme qui se manifeste. Zidore *veut* infliger au cheval une souffrance physique avec une baguette et des pierres :

    – …

    – …

    – …

• Lignes 90 à 98 :
    Dans les deux passages suivants, la cruauté prend la forme d'une privation progressive et systématique de mouvement, donc de nourriture :

    – …

    – …

• Lignes 99 à 128 :
    Dans le passage suivant, on retrouve une sorte de summum de la cruauté, et son dénouement :

    – …

9. Délimitez avec précision les trois grandes étapes du récit en expliquant le fonctionnement de chacune par un résumé explicatif : la situation initiale qui contient l'élément déclencheur de l'action, le nœud qui culmine avec la séquence critique et le dénouement.

    • La situation initiale occupe les trente-et-une premières lignes du texte.

- Le nœud, où se situe l'essentiel de l'action, se trouve entre les lignes 32 et 117.
- Le dénouement occupe le reste du récit.

TROISIÈME APPROCHE : COMMENTER LE TEXTE

Les questions qui suivent visent à vous amener à établir des relations entre divers éléments du texte et, par déduction, à proposer des interprétations. Dans un premier temps, elles présentent des réflexions sur l'ensemble du texte, autour d'une problématique esquissée aux approches précédentes. Dans un deuxième temps, elles visent à vous faire établir des liens entre le texte analysé et un autre récit du présent recueil (Comparaison avec un autre récit), puis elles proposent une incursion dans un texte d'un auteur différent (Comparaison avec une autre œuvre).

Ce type de commentaire suppose une compréhension profonde du texte, servie par une sensibilité aiguë, et développe une quête permanente de cohérence de même qu'une recherche d'intégration culturelle, elle-même en constante évolution. Ici encore, seule la première question est présentée avec une réponse complète.

10. **En vous reportant aux divers personnages du récit, commentez l'image des paysans qui se dégage de cette nouvelle de Maupassant.**

- Maître Lucas est à l'image de la ferme dont il est le propriétaire :
  - il est imposant : c'est « un grand homme qui pren[d] du ventre » (lignes 20-21) ;
  - il est appliqué, c'est un homme d'ordre : il « faisait sa ronde trois fois par jour, veillant sur tout et pensant à tout » (lignes 21-22) ;
  - il est bienveillant : les valets, les servantes et les animaux sont bien traités ;

- il est généreux, sensible : sa femme et lui tiennent, par charité et par nostalgie, à ce que Coco soit bien traité.

- Les ouvriers de la ferme sont railleurs envers Zidore (lignes 40-43 et 61-63).

- Zidore, lui, est présenté par le narrateur comme un paysan « rapace, […] sournois, féroce, brutal et lâche » (lignes 57-58). La plupart de ces défauts seront confirmés par la suite :
  - sournois : dans sa façon de s'attaquer à Coco (lignes 65-67) ;
  - féroce, brutal : voir à ce sujet la cruauté de Zidore (lignes 80-82 et 99-103) et les questions 2 et 8 ; sa brutalité est d'autant plus grande qu'il est assuré de l'impunité ;
  - lâche : dans les deux acceptions du mot, soit paresseux (il en a assez d'aller remuer Coco) et manquant de courage (il s'en prend à un vieil animal sans défense) ;
  - rapace : on ne peut pas dire qu'il le soit ; il est plutôt mesquin, prétextant le gaspillage du fourrage et l'inutilité de Coco pour l'affamer, alors qu'il a précisément pour tâche d'offrir au cheval de la nourriture en abondance.

  On peut ajouter que Zidore est :
  - haineux : voir à ce sujet la question 2 ;
  - bête : voir les lignes 46-48 et 129-133.

On a donc affaire à une image double et contrastée de ce monde paysan : celle, flatteuse, où règnent l'ordre, le bien-être, la respectabilité (voir l'*incipit**) ; l'autre, où l'on trouve des moqueries, de la petitesse, de l'hypocrisie, de la cruauté et de la mauvaise foi.

11. Comme on l'a vu, *Coco* comporte plusieurs traits du naturalisme, dont cette tendance à présenter les humains et les animaux comme semblables, également dépendants de leur milieu et de leurs instincts. Peut-on dire que, dans ce conte, Maupassant va jusqu'à suggérer que non seulement Coco est l'égal de Zidore, mais qu'il est un être supérieur à son bourreau ?

- Dans le portrait d'ensemble de la ferme, au début du récit, humains et animaux sont traités sur le même pied…
- Zidore, cependant, possède tout juste certaines caractéristiques humaines…
- Coco, à l'inverse, a une forme d'intuition…
- À la question posée, on peut donc répondre que…

COMPARAISON AVEC UN AUTRE RÉCIT

12. *Coco* comme *Pierrot* traitent d'un sujet auquel Maupassant a été particulièrement sensible : les mauvais traitements envers les animaux. Repérez ces mauvais traitements, et comparez-les.

   ■ Les mauvais traitements subis par chaque animal
   - Dans *Coco* :
     - Le cheval ne reçoit d'abord que sa demi-mesure de nourriture (ligne 55) ;
     - Il se fait cingler les jarrets, frapper avec une baguette (ligne 67) ;
     - …
   - Dans *Pierrot* :
     - Le chien est jeté dans la marnière ; il se plaint, crie, appelle, supplie (lignes 123-126) ;
     - …

   ■ La comparaison
   - Les différences :
     Coco paraît donc traité plus cruellement que Pierrot :
     - Le cheval… ;
     - Le chien…
   - Les ressemblances :
     Les deux bêtes sont rejetées par les personnes qui en ont la charge ; elles souffrent toutes deux de la faim, puis elles sont abandonnées dans des conditions semblables de contrainte physique qui les condamnent à la mort :
     - Coco… ;
     - Pierrot…

COMPARAISON AVEC UNE AUTRE ŒUVRE

Émile Zola (1840-1902), que Maupassant a bien connu, était considéré comme le chef de file des écrivains naturalistes. Les Rougon-Macquart, *l'œuvre de sa vie, est une vaste fresque romanesque, en plusieurs volumes : à travers l'histoire d'une famille, ce sont les différents milieux de la société de l'époque — le Second Empire — que Zola a voulu dépeindre, comme Balzac l'avait fait quelques décennies auparavant dans sa* Comédie humaine.

Germinal *(1885), le treizième roman de la série des* Rougon-Macquart, *est un des romans les plus célèbres de Zola. Il a eu un retentissement considérable à l'époque. Le romancier y décrit de façon saisissante l'existence souvent difficile des ouvriers d'une mine. Dans le court extrait qui suit, tiré du chapitre V de la septième partie, deux d'entre eux, Étienne Lantier — fils de Gervaise Macquart — et Catherine Maheu, de même que le cheval Bataille sont prisonniers de la mine qui s'éboule.*

Germinal

C'était Bataille. En partant de l'accrochage, il avait galopé le long des galeries noires, éperdument. Il semblait connaître son chemin, dans cette ville souterraine, qu'il habitait depuis onze années ; et ses yeux voyaient clair, au fond de l'éternelle
5   nuit où il avait vécu. Il galopait, il galopait, pliant la tête, ramassant les pieds, filant par ces boyaux minces de la terre, emplis de son grand corps. Les rues se succédaient, les carrefours ouvraient leur fourche, sans qu'il hésitât. Où allait-il ? là-bas peut-être, à cette vision de sa jeunesse, au moulin où il était
10   né, sur le bord de la Scarpe, au souvenir confus du soleil, brûlant en l'air comme une grosse lampe. Il voulait vivre, sa mémoire de bête s'éveillait, l'envie de respirer encore de l'air des plaines le poussait droit devant lui, jusqu'à ce qu'il eût découvert le trou, la sortie sous le ciel chaud, dans la lumière.
15   Et une révolte emportait sa résignation ancienne, cette fosse l'assassinait, après l'avoir aveuglé. L'eau qui le poursuivait, le fouettait aux cuisses, le mordait à la croupe. Mais à mesure

qu'il s'enfonçait, les galeries devenaient plus étroites abaissant le toit, renflant le mur. Il galopait quand même, il s'écorchait,
20 laissait aux boisages des lambeaux de ses membres. De toutes parts, la mine semblait se resserrer sur lui, pour le prendre et l'étouffer.

Alors, Étienne et Catherine, comme il arrivait près d'eux, l'aperçurent qui s'étranglait entre les roches. Il avait buté, il
25 s'était cassé les deux jambes de devant. D'un dernier effort, il se traîna quelques mètres ; mais ses flancs ne passaient plus, il restait enveloppé, garrotté par la terre. Et sa tête saignante s'allongea, chercha encore une fente, de ses gros yeux troubles. L'eau le recouvrait rapidement, il se mit à hennir,
30 du râle prolongé, atroce, dont les autres chevaux étaient morts déjà, dans l'écurie. Ce fut une agonie effroyable, cette vieille bête, fracassée, immobilisée, se débattant à cette profondeur, loin du jour. Son cri de détresse ne cessait pas, le flot noyait sa crinière, qu'il le poussait plus rauque[1], de sa bouche ten-
35 due et grande ouverte. Il y eut un dernier ronflement, le bruit sourd d'un tonneau qui s'emplit. Puis un grand silence tomba.

Tiré de *Germinal*, 1885.

13. Dans cet extrait de *Germinal* comme dans *Coco*, on assiste à la mort lente d'un cheval. Comparez, aux plans de la forme et du contenu, la manière dont les deux auteurs présentent les dangers qui menacent les chevaux et les efforts que ceux-ci font pour les affronter et lutter contre la mort. Pour réaliser cet exercice, repérez d'abord les passages qui désignent les dangers et les efforts, puis trouvez les ressemblances et les différences de contenu et de forme, en soulignant les procédés stylistiques employés, comme la répétition*, la personnification* et les champs* lexicaux.

---

1. *qu'il le poussait plus rauque* : de sorte qu'il le poussait plus rauque [son cri]. Cet emploi de *que* pour introduire une conséquence est rare et utilisé à des fins stylistiques.

Les passages

■ Les dangers

- Pour Bataille, le danger vient de la mine ou de la terre, et de l'eau :
    - La mine ou la terre : « ville souterraine » (ligne 3) ; « galeries noires » (ligne 2) ; …
    - L'eau : « le poursuivait » (ligne 16) ; …

- Pour Coco, le danger vient surtout de Zidore et de la faim :
    - Zidore : « lui cinglait les jarrets » (ligne 67) ; « le frappait avec rage » (ligne 70) ; …
    - la faim : le « dévorait » (ligne 111).

■ Les efforts pour affronter ces dangers

- Ceux de Bataille : « il avait galopé » (ligne 1) ; « il galopait, il galopait, pliant la tête, ramassant les pieds » (lignes 5-6) ; « il voulait vivre » (ligne 11) ; …

- Ceux de Coco : « il essayait de fuir, de ruer, d'échapper aux coups » (lignes 67-68) ; « il tournait au bout de sa corde » (lignes 68-69) ; …

La comparaison

■ Les dangers

- Ressemblances de contenu :
    - Les deux chevaux sont peu à peu contraints à l'immobilité : …
    - Ils sont tous deux blessés, maltraités : …

- Ressemblances de forme :
  Dans les deux textes, on remarque des personnifications* : …
  Elles permettent de…

- Différences de contenu :
    - Pour Coco, les dangers sont incarnés dans…, alors que pour Bataille, c'est le…
    - Bataille s'inflige des blessures : …
    - Par ailleurs, la mort ne sera pas la même : …

- Différences de forme :
  - Les personnifications* : …
  - Les métaphores* : …

Si les différences de contenu font bien voir…, les différences de forme montrent…

■ Les efforts pour affronter ces dangers
  - Ressemblances de contenu :
    Les deux bêtes déploient beaucoup d'énergie physique :
    …
  - Ressemblances de forme :
    Les accumulations* : …
    Elles indiquent…

  - Différences de contenu :
    Bataille est plus énergique que Coco : …
    De plus, Zola prête à Bataille plus de vigueur et de force intérieure que Maupassant à Coco : …

  - Différences de forme :
    Le texte de Zola renferme quelques métaphores* — « l'envie […] le poussait droit devant » (lignes 12-13) ; « une révolte emportait sa résignation » (ligne 15) — et une répétition* à quatre reprises du verbe *galoper*.

Ces figures soulignent…

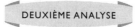

La folle

PETIT LEXIQUE PRÉPARATOIRE À LA COMPRÉHENSION DU TEXTE

Nous vous suggérons de chercher dans *Le Petit Robert 1* les mots en caractères gras, dont vous auriez intérêt à vous méfier. Cette recherche vous amènera à mieux comprendre le texte, en vous aidant notamment à saisir certaines nuances de la langue française du XIXᵉ siècle, en apparence proche de la nôtre, mais qui nous réserve parfois des surprises. Ce faisant, remarquez bien l'étymologie des mots et notez le moment de leur apparition dans la langue.

ANALYSE DU TEXTE

Puisque vous en êtes à votre deuxième analyse, vous ne trouverez ici ni réponses, ni pistes. Vous devrez développer, nuancer et justifier vos réponses en vous appuyant systématiquement sur le texte.

PREMIÈRE APPROCHE : COMPRENDRE LE TEXTE

Les questions qui suivent visent à bien vous faire saisir le sens général du texte et plus particulièrement la portée de certains mots, tournures, courts passages ou constructions syntaxiques. Certaines de ces questions pourraient être reprises plus loin, de manière à vous permettre d'atteindre une compréhension plus fine, plus nuancée, plus intégrée du texte.

1. Qu'est-ce qui a causé la folie de cette femme ?

2. Quelles sont les caractéristiques de la folie de la voisine ? Donnez les citations pour chacune.

3. Quelles sont les saisons évoquées dans ce récit ? Donnez une citation pour chaque cas.

4. Quels sont les quatre principaux lieux de ce récit, dans l'ordre de leur première évocation ? Associez-les à l'un ou l'autre des personnages et montrez que tous ces lieux sont envahis.

5. La plupart des verbes qu'emploie le narrateur sont au passé ; cependant, il se sert parfois du présent. Repérez les verbes à l'indicatif présent et dites quel aspect du conte* ils révèlent.

DEUXIÈME APPROCHE : ANALYSER LE TEXTE

Ici, les questions approfondissent celles de l'étape précédente et, surtout, abordent les aspects formels du texte. Elles vous permettent d'en évaluer les sous-entendus, en montrant, par exemple, le rôle de la ponctuation ou du temps des verbes, en faisant voir la portée d'une figure de style, la force d'une argumentation*, l'effet de la tonalité* dominante du texte, etc. C'est aussi l'occasion de vous amener à faire des liens entre fond et forme, à saisir en somme ce qui fait le propre du texte littéraire.

6. Quelles ressemblances existe-t-il entre la folle et M. Mathieu d'Endolin ? Qu'en concluez-vous ?

7. Faites le portrait* moral du commandant prussien. Pour y parvenir, référez-vous à son comportement et à ses paroles, et dégagez-en des caractéristiques que vous formulerez par des qualificatifs.

8. En tenant compte du présent où se trouve le narrateur-conteur et des événements passés dont il se souvient, dites sur quelle période de temps les événements et la narration de ce récit se déroulent. Pour répondre à la question, commencez par dresser la liste des déictiques* temporels qui justifient votre réponse. Pour vous aider, vous pouvez vous reporter à vos réponses aux questions 3 et 5.

9. Définissez avec précision les trois grandes étapes du récit en expliquant le fonctionnement de chacune par un résumé explicatif: la situation initiale qui contient l'élément déclencheur de l'action, le nœud qui culmine avec la crise, et le dénouement.

10. Comme le suggèrent les réponses aux questions 5, 8 et 9, *La folle* appartient au genre du conte*. Pour le confirmer, trouvez, dans le texte, des exemples de la présence du narrateur-conteur selon qu'il s'adresse à un public, se pose des questions, formule des réflexions personnelles, tire une leçon — ou une morale — de son histoire.

11. Le récit, dont l'action se passe dans un climat de guerre, se termine par une partie de chasse. Dans un tableau, montrez les effets de la guerre et de la chasse sur le sort des personnages et sur leur comportement. Que concluez-vous des ressemblances et des différences entre la guerre et la chasse?

	Guerre	Chasse
Effets sur le sort des personnages	...	...
Effets sur le comportement des personnages	...	...

TROISIÈME APPROCHE: COMMENTER LE TEXTE

Les questions qui suivent visent à vous amener à établir des relations entre divers éléments du texte et, par déduction, à proposer des interprétations. Dans un premier temps, elles présentent des réflexions sur l'ensemble du texte, autour d'une problématique esquissée aux approches précédentes. Dans un deuxième temps, elles visent à vous faire établir des liens entre le texte analysé et un autre récit du présent recueil (Comparaison avec un autre récit), puis elles proposent une incursion dans un texte d'un auteur différent (Comparaison avec une autre œuvre).

> Ce type de commentaire suppose une compréhension profonde
> du texte, servie par une sensibilité aiguë, et développe une quête
> permanente de cohérence de même qu'une recherche d'inté-
> gration culturelle, elle-même en constante évolution.

12. À la question 4, quatre lieux ont été repérés et associés à des
    personnages. Décrivez ces lieux en utilisant des citations au
    besoin. Montrez que l'atmosphère sinistre dont parle le nar-
    rateur (ligne 107) se dégage de ces lieux. Pour vous aider,
    reportez-vous au mot *sinistre* dans le Petit lexique préparatoire.

13. Relevez, dans un tableau, les passages du texte où il est
    question de déplacement ou d'immobilité. Que peut-on en
    conclure sur les personnages ?

Qui...	... se déplace ?	Qui...	... est immobile ?
...	...	...	...

14. La folie de la femme se manifeste notamment par une fixa-
    tion, un comportement obsessionnel caractéristique de la ca-
    tatonie. Peut-on dire que le commandant et le narrateur ont
    aussi leurs obsessions ? Pour vous aider à réaliser cet exercice,
    vous pouvez consulter vos réponses aux questions 2 et 6.

COMPARAISON AVEC UN AUTRE RÉCIT

15. En vous référant aux neuf premiers paragraphes de
    L'aventure de Walter Schnaffs et aux sept premiers de *La folle*,
    montrez que le soldat Schnaffs et la folle peuvent avoir des
    préoccupations et un comportement semblables. Que
    peut-on conclure de cette comparaison sur la représenta-
    tion de la guerre dans les récits de Maupassant ?

COMPARAISON AVEC UNE AUTRE ŒUVRE

─────────

*Auteur de poèmes et de nombreux romans, **Alphonse Daudet** (1840-*
1897) doit sa célébrité à des récits courts : Les contes du lundi et Les
lettres de mon moulin. Celles-ci se présentent comme des chroniques que

l'auteur aurait écrites dans un vieux moulin, situé dans le sud de la France.
Ce décor pittoresque sert de prétexte à Daudet pour raconter des histoires
qui font partie du folklore de sa Provence natale. On trouve dans ses textes
un souci d'exactitude — Daudet se disait réaliste, voire naturaliste —,
mais également l'expression d'une grande sensibilité.

Le phare des Sanguinaires *fait partie des* Lettres de mon moulin.
L'auteur se souvient d'un séjour sur cette île située près d'Ajaccio, en
Corse : il y fréquentait les gardiens du phare, parmi lesquels Bartoli,
celui qui lui a raconté une de ses aventures dans l'extrait qui suit.

Le phare des Sanguinaires

« Voici ce qui m'est arrivé à moi, monsieur — me contait
un jour le vieux Bartoli, pendant que nous dînions —, voici
ce qui m'est arrivé il y a cinq ans, à cette même table où nous
sommes, un soir d'hiver, comme maintenant. Ce soir-là, nous
5   n'étions que deux dans le phare, moi et un camarade qu'on
appelait Tchéco… Les autres étaient à terre, malades, en congé,
je ne sais plus… Nous finissions de dîner, bien tranquilles…
Tout à coup, voilà mon camarade qui s'arrête de manger, me
regarde un moment avec de drôles d'yeux, et pouf ! tombe sur
10   la table, les bras en avant. Je vais à lui, je le secoue, je l'appelle : — Oh ! Tché !… Oh ! Tché !…

Rien, il était mort… Vous jugez quelle émotion ! Je restai
plus d'une heure stupide et tremblant devant ce cadavre. Puis,
subitement cette idée me vient : « Et le phare ! » Je n'eus que
15   le temps de monter dans la lanterne et d'allumer. La nuit était
déjà là… Quelle nuit, monsieur ! La mer, le vent, n'avaient plus
leurs voix naturelles. À tout moment il me semblait que quelqu'un m'appelait dans l'escalier… Avec cela, une fièvre, une
soif ! Mais vous ne m'auriez pas fait descendre… j'avais trop
20   peur du mort. Pourtant, au petit jour, le courage me revint
un peu. Je portai mon camarade sur son lit ; un drap dessus,
un bout de prière, et puis vite aux signaux d'alarme.

Malheureusement, la mer était trop grosse; j'eus beau appeler, appeler, personne ne vint… Me voilà seul dans le phare
25   avec mon pauvre Tchéco, et Dieu sait pour combien de temps… J'espérais pouvoir le garder près de moi jusqu'à l'arrivée du bateau; mais au bout de trois jours ce n'était plus possible… Comment faire? Le porter dehors, l'enterrer? La roche était trop dure, et il y a tant de corbeaux dans l'île. C'était pitié
30   de leur abandonner ce chrétien. Alors je songeai à le descendre dans une des logettes du lazaret… Ça me prit tout un après-midi, cette triste corvée-là, et je vous réponds qu'il m'en fallut, du courage… Tenez! monsieur, encore aujourd'hui, quand je descends ce côté de l'île par un après-midi de grand vent,
35   il me semble que j'ai toujours le mort sur les épaules… »

Pauvre vieux Bartoli! la sueur lui en coulait sur le front, rien que d'y penser.

Tiré des Lettres de mon moulin, 1870.

16. Dans *La folle* et *Le phare des Sanguinaires*, trouvez et commentez les ressemblances de forme et de contenu. Pour la forme du conte, comparez la présence du narrateur et les traits d'oralité; pour le contenu, comparez la perception des lieux, les déplacements des personnages, les sentiments des deux narrateurs et la trace du souvenir que chacun d'eux rapporte de son aventure.

ANNEXE I

TABLEAU SYNOPTIQUE DE GUY DE MAUPASSANT ET DE SON ÉPOQUE

* Au Québec et au Canada

	Vie et œuvre de Maupassant	Contexte culturel	Contexte historique
1850	Naissance de Guy de Maupassant au château de Miromesnil.	* Genre dominant : le roman de la terre.	
1851		Jules Barbey D'Aurevilly, *Une vieille maîtresse*.	2 décembre : coup d'État de Louis-Napoléon Bonaparte.
1852		Ivan Tourgueniev, *Récits d'un chasseur*.	Louis-Napoléon Bonaparte devient l'empereur Napoléon III : début du Second Empire. * Fondation de l'Université Laval.
1856	Naissance d'Hervé de Maupassant, frère de Guy.	Victor Hugo, *Les Contemplations*. Charles Baudelaire traduit *Les histoires extraordinaires* d'Edgar Allan Poe.	
1857		Charles Baudelaire, *Les fleurs du mal*. Gustave Flaubert, *Madame Bovary*.	

	Vie et œuvre de Maupassant	Contexte culturel	Contexte historique
1859	La famille Maupassant s'installe à Paris.	Charles Darwin, *De l'origine des espèces*.	Guerre en Italie contre l'Autriche.
1860	Séparation définitive des parents de Maupassant. Le père reste à Paris alors que la mère revient à Étretat avec ses deux fils.	Charles Baudelaire, *Les paradis artificiels* ; début de parution des *Petits poèmes en prose*. * Début des *Soirées canadiennes*, où se trouve un poème de Louis Fréchette, *La poésie*.	
1863	Maupassant est pensionnaire au petit séminaire (l'institut ecclésiastique) d'Yvetot.	* Philippe Aubert de Gaspé, *Les anciens Canadiens*. Claude Monet, *Le déjeuner sur l'herbe*.	
1864		* Arthur Buies, *Lettres sur le Canada*.	
1865		Claude Bernard, *Introduction à l'étude de la médecine expérimentale*.	
1866	Maupassant rencontre le poète anglais Swinburne.	Émile Zola, *Une définition du roman*. Paul Verlaine, *Poèmes saturniens*. Jacques Offenbach, *La vie parisienne*.	
1867			* 1er juillet : Confédération canadienne.

	Vie et œuvre de Maupassant	Contexte culturel	Contexte historique
1868	Maupassant, renvoyé du petit séminaire d'Yvetot, poursuit ses études au lycée de Rouen. Maupassant correspond avec Louis Bouilhet. Il devient l'intime de Flaubert.	Lautréamont : début de parution des *Chants de Maldoror*.	
1869	Maupassant est inscrit en première année de droit à Paris.	Paul Verlaine, *Fêtes galantes*.	
1870	Maupassant s'engage comme volontaire. Il est affecté, comme commis aux écritures, à l'intendance divisionnaire de Rouen.	Gustave Flaubert, *L'éducation sentimentale*. Jules Verne, *20 000 lieues sous les mers*.	19 juillet : la France déclare la guerre à la Prusse. Août : défaites françaises. 2 septembre : Napoléon III, encerclé à Sedan, capitule. 4 septembre : l'Assemblée proclame la déchéance de Napoléon III et l'établissement de la IIIe République.
1871	En novembre, Maupassant est conscrit ; son père paie un remplaçant.	Émile Zola : début de parution des *Rougon-Macquart*.	28 janvier : signature de l'armistice par le gouvernement provisoire.

	Vie et œuvre de Maupassant	Contexte culturel	Contexte historique
		Arthur Rimbaud, *Le bateau ivre*.	De mars à mai : la Commune de Paris.
		Lewis Carroll, *De l'autre côté du miroir*.	10 mai : signature du traité de Francfort, par lequel la France perd l'Alsace et la Lorraine.
		* Adolphe-Basile Routhier, *Causeries du dimanche*.	* Population du Québec : 1 191 516 personnes.
1872	Maupassant travaille comme surnuméraire au ministère de la Marine.	Alphonse Daudet, *Les contes du lundi*.	
		Arthur Rimbaud, *Une saison en enfer*.	
		Émile Zola, *Le ventre de Paris*.	
		Léon Tolstoï, *Anna Karénine*.	
1874		Gustave Flaubert, *La tentation de Saint-Antoine*.	
		Claude Monet, *Impression, soleil levant*, peint en 1873 et présenté à la première exposition des impressionnistes.	
1875	Publication du premier conte de Maupassant, *La main d'écorché*, sous le pseudonyme de Joseph Prunier.	Émile Zola, article, *Les romanciers naturalistes*, dans *Le messager de l'Europe*.	Constitution de la IIIᵉ République.
		Auguste Renoir, *Le moulin de la Galette*.	* Abolition du ministère de l'Instruction publique.

	Vie et œuvre de Maupassant	Contexte culturel	Contexte historique
	Maupassant assiste aux mardis de Mallarmé et fait partie du groupe qui se forme autour de Zola.		
1876	Article, *Balzac d'après ses lettres*. Publication du poème *Sur l'eau*.	Émile Zola, *Son excellence Eugène Rougon*. Stéphane Mallarmé, *L'après-midi d'un faune*. Mark Twain, *Tom Sawyer*.	
1877	Parution de *La mosaïque* et du *Donneur d'eau bénite*, sous le pseudonyme de Guy de Valmont. Maupassant se vante, dans sa correspondance, d'avoir la « grande vérole ». Il esquisse le plan d'*Une vie*.	Gustave Flaubert, *Trois contes*. Victor Hugo, *La légende des siècles* et *L'art d'être grand-père*. Émile Zola, *L'assommoir*.	
1878	Grâce à Flaubert, il entre au ministère de l'Instruction publique.	Émile Zola, *Une page d'amour*.	
1879	*Une fille* et *Le papa de Simon* paraissent dans des revues. Maupassant écrit *Boule de suif*.	* Naissance d'Émile Nelligan.	* Premier numéro du journal *La Patrie*, fondé par Honoré Beaugrand.

	Vie et œuvre de Maupassant	Contexte culturel	Contexte historique
1880	Maupassant est cité devant le tribunal pour outrage aux bonnes mœurs à propos d'*Une fille*. Il obtient un non-lieu. Il éprouve des problèmes de santé : troubles de la vue, palpitations, chute des cheveux. Il prend de l'éther et de la morphine. Il obtient des congés successifs du ministère. Séjour en Algérie. Le 31 mai, début de sa collaboration au *Gaulois*, qui durera jusqu'en 1888.	Le 8 mai, mort de Gustave Flaubert. Auguste Rodin, *Le penseur*.	Le 14 juillet est décrété jour de fête nationale en France.
1881	Parution de *La maison Tellier*. L'œuvre de Maupassant commence à être connue en Russie grâce à Ivan Tourgueniev. Début de collaboration à *Gil Blas*, qui se poursuivra jusqu'en 1891.	Gustave Flaubert, parution posthume de *Bouvard et Pécuchet*.	
1882	Parution de *Mademoiselle Fifi*.	Paul Verlaine, *L'art poétique*.	Loi Jules-Ferry sur l'enseignement primaire.

	Vie et œuvre de Maupassant	Contexte culturel	Contexte historique
		Émile Zola, *Pot-Bouille*. Nietzsche, *Le gai savoir*. * Fondation de la Société royale du Canada.	20 mai : signature de la Triple Alliance entre l'Allemagne, l'Autriche et l'Italie.
1883	*Une vie* commence à paraître en feuilleton. Parution des *Contes de la bécasse*. François Tassart entre à son service.	Émile Zola, *Au bonheur des dames*. Nietzsche, *Ainsi parlait Zarathoustra*. R. L. Stevenson, *L'Île aux trésors*.	
1884	Maupassant publie une soixantaine de contes et de chroniques pendant l'année. Parution des *Sœurs Rondoli*. Maupassant assiste aux cours de Charcot à La Salpêtrière.	Huysmans, *À rebours*. Émile Zola, *La joie de vivre*. Premières traductions françaises de *Guerre et paix* de Léon Tolstoï et de *Crime et châtiment* de Fedor Dostoïevski. * Laure Conan, *Angéline de Montbun*. * Fondation du journal *La Presse*.	
1885	Parution de *Bel-Ami*, de *Toine* et des *Contes du jour et de la nuit*.	Le symbolisme s'impose comme mouvement poétique. Émile Zola, *Germinal*.	* Pendaison de Louis Riel.

	Vie et œuvre de Maupassant	Contexte culturel	Contexte historique
		Mark Twain, *Huckleberry Finn*.	
1886	Parution de *Monsieur Parent* et de *La petite Roque*. Publication de *Mont-Oriol* en feuilleton. Mariage d'Hervé de Maupassant.	Émile Zola, *L'œuvre*. R. L. Stevenson, *Dr Jekill and Mr Hyde*.	
1887	Début de parution de *Pierre et Jean* en feuilleton. Hervé est interné une première fois.	Émile Zola, *La terre*. Début de parution du *Journal des Goncourt*. Gabriel Fauré, *Requiem*. * Louis Fréchette, *La légende d'un peuple*.	* Honoré Mercier, premier ministre du Québec.
1888	Publication du *Rosier de Mme Husson*.	Alfred Jarry, *Ubu roi*.	
1889	Parution de *Fort comme la mort*. Hervé de Maupassant est de nouveau interné à Lyon ; il meurt le 13 novembre.	Paul Claudel, *Tête d'or*. Exposition universelle de Paris. Inauguration de la tour Eiffel.	
1890	Parution de *Notre cœur*, le dernier roman que Maupassant a pu achever.	Émile Zola, *La bête humaine*. Huysmans, *Là-bas*.	

	Vie et œuvre de Maupassant	Contexte culturel	Contexte historique
	Séjours à Cannes et à Nice, voyages en Afrique du Nord. Maupassant refuse de poser sa candidature à l'Académie française.	Vincent Van Gogh, *Champs de blé aux corbeaux*.	
1891	Maupassant cesse tout travail intellectuel. Il éprouve des problèmes de santé : dépression physique et morale ; premières atteintes de paralysie cérébrale.	André Gide, *Traité de Narcisse* et *Les cahiers d'André Walter*. Émile Zola, *L'argent*. Oscar Wilde, *Le portrait de Dorian Gray*.	
1892	Dans la nuit du 1er au 2 janvier, Maupassant tente de se suicider. Le 7 janvier, il est hospitalisé à la clinique du Dr Blanche, à Passy.	Paul Claudel, *La jeune fille Violaine* et *La ville*. A. Conan Doyle, *Les aventures de Sherlock Holmes*.	
1893	Maupassant meurt le 6 juillet.	Émile Zola, *Le docteur Pascal*. Rudyard Kipling, *Le livre de la jungle*.	

ANNEXE II

GLOSSAIRE DES NOTIONS LITTÉRAIRES

Accumulation : Suite de plusieurs termes de mêmes fonctions. Exemple : « Nous gardons, nous autres que séduit la terre, des souvenirs tendres pour certaines sources, certains bois, certains étangs, certaines collines, vus souvent […] », *La mère Sauvage*, lignes 7 et 8. Voir « Énumération ».

Allégorie : Figure de rapprochement qui consiste à représenter de façon imagée et concrète une abstraction, une chose. Souvent, l'allégorie est une personnification. Elle montre les choses, les idées comme vivantes ; elle rend donc leur importance et leur rôle beaucoup plus sensibles. Exemple : la rivière et la mer sont personnifiées dans de longues allégories dans *Sur l'eau*, lignes 25 à 40.

Analepse : Retour en arrière dans le déroulement chronologique (*flash-back*). Exemples : les récits du canotier dans *Sur l'eau*, depuis la ligne 53 jusqu'à la fin du texte, et de M. D'Endolin dans *La folle*, lignes 5 à 117. Contraire : *prolepse*.

Analyse stylistique : Analyser un texte sur le plan stylistique, c'est rendre compte de ses figures de style, de son lexique, de sa syntaxe, de sa ponctuation, de ses tonalités, de même que de ce qui touche le plan proprement textuel, sa forme.

Anaphore : Figure de construction d'un ou de plusieurs mots en début de vers, de phrases, de propositions, de syntagmes, etc.

Antithèse : Figure de rapprochement de deux termes ou de deux propositions opposés sur le plan du sens pour mettre en valeur le contraste. Voir « Oxymore ».

Argumentatif : Se dit d'une tonalité convenant à l'exposé d'un point de vue personnel, qui évoque la discussion, le débat, l'exposé persuasif, et dont le but est de convaincre de la vérité ou de la justesse du point de vue énoncé. Cette tonalité se reconnaît par l'utilisation du *je*, qui souvent interpelle le lecteur ou l'auditeur afin d'attirer son attention, par le recours au registre familier ou populaire, ou par le recours à un vocabulaire appréciatif ou dépréciatif. Exemple : l'argumentation du canotier dans *Sur l'eau*, lignes 17 à 50.

Champ lexical : Le champ lexical désigne le sens, la notion ou la réalité auxquels renvoient plusieurs mots dans un texte ; cela en devient le dénominateur commun. Leur association peut être directe ou plus contextuelle, toucher une ou plusieurs facettes du mot. Ainsi, le mot *rouge* peut appartenir au champ lexical du feu, de la couleur, de la passion, du sang ; c'est la présence de plusieurs mots touchant une réalité semblable qui fait apparaître le champ lexical dans un texte. Quand on analyse un champ lexical, on doit en nommer le dénominateur et indiquer les mots qui en font partie.

Comparaison : Figure de rapprochement qui consiste en un rapport analogique établi explicitement entre un objet et un autre, liés par *comme*, *tel* ou par une autre expression équivalente.

Connotation : « Sens particulier d'un mot, d'un énoncé qui vient s'ajouter au sens ordinaire selon la situation ou le contexte. *Connotation méliorative, péjorative.* » (*Le Petit Robert 1*) La connotation est subjective, c'est un ajout de sens, au contraire de la dénotation qui est « le sens ordinaire », objectif. Certaines connotations sont codées culturellement et identifiées au dictionnaire. D'autres sont propres au contexte : il faut bien décoder l'intention de l'auteur (par l'intermédiaire de son narrateur) ou du personnage qui prend la parole.

Déictiques temporels et spatiaux : Les déictiques comportent une référence absolue (précise ou vague) ou relative au contexte (anaphorique ou situationnelle). Ce sont des éléments qui renvoient à la situation dans laquelle l'énoncé est produit : adverbes (*ici, demain, hier, aujourd'hui*), groupes nominaux (*ce matin*, ouvrez *cette porte*), groupes prépositionnels (*dans dix minutes*), adjectifs (la semaine *dernière*), certains pronoms (il pense à *moi*), certains déterminants (*mon* arrivée).

Discours direct : Discours d'un personnage tel qu'il l'a prononcé. La tradition française place des guillemets ou des tirets en tête du discours direct. Exemple : « Il pleut, dit-il. » Contraire : *discours indirect*.

Discours indirect (ou discours rapporté) : Discours d'un personnage rapporté par l'intermédiaire d'un autre personnage ou du narrateur. Exemple : Il m'a dit qu'il pleut. Contraire : *discours direct*.

Discursive : Se dit d'une tonalité convenant à une réflexion, à une analyse, à un commentaire, à l'exposé d'une pensée abstraite. Le discursif se reconnaît entre autres par l'utilisation du *il* derrière lequel l'énonciateur s'efface, afin de donner à son propos le caractère d'une vérité générale ; souvent s'y ajoutent aussi des transitions logiques. Exemple : *La mère Sauvage*, lignes 53 à 58, à propos des paysans.

Effet de réel : Effet qui vise l'adhésion du lecteur à la réalité présumée du récit. La représentation peut imiter le réel. On appelle alors *mimésis* l'imitation directe (au théâtre) ou indirecte (dans le récit) du réel, dont les objets sont transformés en signes. Certaines formes littéraires « réalistes » proposent des représentations conformes à ce que le lecteur sait du réel, afin que celui-ci puisse les reconnaître dans l'œuvre d'art. Toute tentative pour nous faire oublier que nous sommes dans une fiction et qui prétend à la vérité factuelle contribue à créer un effet de réel : des références à des ouvrages qui n'existent pas, des photos qui ont l'air vraies. Exemple : la description des plages d'Étretat dans *Adieu*, lignes 42 à 50.

Ellipse : Figure de grammaire et de style, et procédé rhétorique, souvent narratif, fondés sur l'omission, le raccourci, le sous-entendu (de mots, d'événements, de détails) et entraînant souvent un effet d'accélération du récit. Exemple : *La folle*, lignes 89 à 93.

Énumération : Figure d'insistance consistant en une suite d'au moins trois termes de même nature grammaticale (noms, verbes, etc.) ou syntaxique (sujets, compléments, etc.) à l'intérieur d'une même phrase. L'énumération peut se présenter sous forme de gradation ou de répétition. Voir «Accumulation».

Familier (Niveau de langue): Niveau de langue des conversations courantes, entre gens qui se connaissent bien et dont l'expression est surtout orale. Les caractères en sont un vocabulaire limité, une syntaxe brisée, des phrases aux liens syntaxiques peu fréquents. Exemple: *Le mal d'André*, lignes 197 à 199.

Fantastique (Tonalité): On retrouve cette tonalité dans les textes où les personnages ont peur et sont confrontés à des événements surnaturels, étranges et insolites. Exemple: *Sur l'eau*, lignes 88 à 93 et 129 à 142.

Figures d'association ou de substitution: Ensemble de figures qui associent ou substituent deux réalités, deux concepts, deux personnages. On y retrouve notamment la métonymie, la périphrase et la synecdoque.

Figures d'insistance: Figures qui regroupent l'anaphore, l'énumération, l'hyperbole, le parallélisme et la répétition. En mettant en évidence, en augmentant la visibilité — sur le plan syntaxique et graphique —, par un effet d'accumulation ou d'amplification, ces figures révèlent l'importance d'un sujet, d'une émotion. Elles permettent de souligner un thème, une émotion, un enjeu; elles font mieux ressortir la grandeur; elles traduisent souvent l'émotivité et l'expressivité.

Figures d'opposition et de contraste: Ensemble des figures qui indiquent que deux réalités, deux concepts ou deux personnages s'affrontent. On peut y reconnaître l'antithèse, l'oxymore et, d'une certaine manière, le paradoxe.

Figures de construction: Ensemble des figures qui touchent à la syntaxe, c'est-à-dire à la place des mots et à leurs rapports avec l'énoncé général, ainsi qu'à l'organisation générale de la phrase. On compte parmi celles-ci l'anaphore, le chiasme, l'ellipse, l'énumération, l'inversion, le parallélisme, la répétition, le zeugme.

Figures de rapprochement : Figures qui comprennent l'allégorie, la comparaison et la métaphore. Elles sont basées sur un rapport de similitude et consistent à rapprocher deux réalités distinctes de façon que ce rapprochement éclaire une nouvelle dimension de ce dont on parle.

Figures de style : Aussi appelées procédés rhétoriques, ces figures peuvent jouer sur la sonorité des mots, sur leur(s) sens, sur la syntaxe ou encore sur la mise en perspective des idées. Plus d'un procédé peut être appliqué à un énoncé.

Gradation : Énumération dont les termes amplifient un sens, une connotation. La gradation peut être croissante ou décroissante. Exemple : « Elle est imprenable, impossible à chasser, impossible à tuer », *L'épreuve*, ligne 220.

Hétérodiégétique (Narrateur) : Le narrateur est hétérodiégétique quand il raconte l'histoire d'autres personnages. Exemples : le narrateur de *L'enfant* de 1883 et celui de *La mère Sauvage*.

Homodiégétique (Narrateur) : Le narrateur est homodiégétique quand il narre sa propre histoire. Il s'oppose au narrateur hétérodiégétique. Exemples : M. D'Endolin dans *La folle* et le narrateur de *Fou ?*.

Hyperbole : Figure d'insistance qui consiste en une exagération traduite notamment par l'emploi de termes excessifs. L'expression est « superlativisée ». Antonyme : *litote*. Exemple : « [...] il se sentait dans les jambes de telles faiblesses qu'il se serait laissé tomber, s'il n'avait songé que toute l'armée lui passerait sur le corps », *L'aventure de Walter Schnaffs*, lignes 26 et 27.

Incipit : Premiers mots d'un manuscrit, d'un livre. L'*incipit* s'arrête le plus souvent au moment où il y a un changement d'instance de narration. Parfois le mot est utilisé pour désigner les premières phrases ou les premières lignes, le début d'un texte.

Inversion : Permutation simple de l'ordre habituel des groupes sujet et prédicat d'une phrase. Exemple : « C'étaient d'étranges et invraisemblables aventures, où se complaisait l'humeur hâbleuse des chasseurs », *La bécasse*, ligne 35.

Ironie : Procédé qui consiste à affirmer sérieusement ce qu'on sait ou croit faux, de façon à se moquer de ceux qui appuient cette erreur, ou à s'indigner de cet appui. Se dit aussi d'une attitude moqueuse. Synonymes : *raillerie, dérision*. Exemple : *Coco*, ligne 63.

Isolexisme : Figure de répétition de mots à partir d'une dérivation issue de la même base, dans une même phrase, dans le but de créer un effet comique ou d'insistance. Exemple : « Lui la regardait obstinément, souriant d'un sourire fixe », *L'enfant* de 1882, ligne 68.

Litote : Fausse atténuation qui consiste à dire moins pour faire entendre plus. On souligne une pensée en l'exprimant de manière pudique. Exemple : dans *La confession*, ligne 48, le personnage dit, en sentant sa mort venir, « Allez chercher Monsieur le curé, voici l'instant ».

Lyrique (Tonalité) : On retrouve cette tonalité dans les textes exploitant le vocabulaire des émotions et des sentiments intérieurs, ceux du moi de l'auteur (en poésie souvent) ou d'un personnage narrant son aventure (narrateur homodiégétique). Exemples : les propos du narrateur de *Fou ?*, lignes 7 à 22, et ceux du médecin dans *L'enfant* de 1883, lignes 35 à 44.

Lyrisme : Façon d'exprimer des sentiments. Contrairement à la description et à l'explication, le lyrisme tente de rendre toute la force des sentiments, de traduire l'émotion par l'évocation. Le lyrisme est lié à l'usage du *je*, à l'intimité et au champ lexical de l'émotion.

Métaphore : Figure de rapprochement fondé sur un lien figuré établi entre deux termes étrangers. C'est plus qu'une comparaison, puisque les deux réalités sont fusionnées, sans lien comparatif. C'est la séquence syntaxique qui scelle l'alliance des deux termes. Quand une métaphore se poursuit, on la dit *filée*. Voir «Allégorie».

Métonymie : Figure qui consiste à associer deux concepts en inversant leur rapport logique, à évoquer une réalité au moyen d'un terme qui désigne une autre réalité qui y est associée par un rapport de contiguïté. Voir « Synecdoque ».

Mise en abyme (aussi mise en abîme) : En littérature, procédé par lequel il y a enchâssement d'un récit à l'intérieur d'un autre. Certains écrivains ont ainsi présenté, dans leurs romans, des écrivains qui écrivent. Il y a alors histoire dans l'histoire, consistant à incruster une image en elle-même — ou, d'une manière générale, à représenter une œuvre dans une œuvre de même type. La mise en abyme peut servir à mettre en évidence le thème central du roman, de la pièce, etc.

Narrateur : Celui qui assume la narration du récit. Il ne faut pas confondre le narrateur et l'auteur.

Niveau de langue : « Caractère d'une langue, en rapport avec le niveau social, culturel de ceux qui la parlent. » (*Le Petit Robert 1*) Le niveau de langue d'un personnage (ou d'un narrateur) le situe dans un contexte et peut même indiquer le milieu auquel il appartient : familier (voir ce mot), soutenu ou vulgaire.

Opposition : Tout type de contraste intervenant dans le texte, que ce soit sur le plan syntaxique, sur le plan des personnages ou sur tout autre plan. Exemple : le comportement des personnages dans *La mère Sauvage*, lignes 157 à 158.

Oxymore : Figure de contraste qui est une forme un peu particulière de l'antithèse, car elle met en opposition deux termes dans le même groupe de mots. Cette association très étroite amenuise les deux sens qui s'opposent en les réconciliant. Exemple : « Mme Bondel eut un accès de gaieté rageuse qui irrita les nerfs de son mari », *L'épreuve*, ligne 112.

Parallélisme : Figure d'insistance qui est liée à la construction de la phrase. Il s'agit en fait de la répétition d'une structure syntaxique. Le plus souvent, le parallélisme se remarque par la répétition d'un ou de plusieurs termes employés dans des structures syntaxiques identiques ou très parentes. Cela permet de mieux distinguer la parenté structurale entre les phrases ou les syntagmes. Exemple : l'*incipit* de *Coco*. Voir « Symétrie ».

Périgrinisme : Utilisation de certains éléments linguistiques empruntés à une langue étrangère (sonorités, graphies, formes grammaticales, lexicales ou syntaxiques). Exemple : *La folle*, lignes 48 à 50, où Maupassant remplace certains phonèmes du français (« b », « d », « g », etc.) par d'autres (« p » et « t », « k », etc.), pour imiter l'accent germanique des Prussiens.

Périphrase : Figure de substitution qui consiste à éviter le mot généralement employé pour un groupe de mots qui l'évoque indirectement. Elle peut virer à la litote ou à la métaphore. Exemples : dans *La folle*, ligne 102, le narrateur désigne les bécasses par des « oiseaux à long bec » et dans *Deux amis*, ligne 246, le Prussien désigne les poissons par « ces petits animaux-là ».

Personnification : Figure de style qui consiste à évoquer un objet, une idée ou une abstraction sous les traits d'un être humain. Exemple : « ses berges couvertes de roseaux qui murmurent », *Sur l'eau*, ligne 40. Voir « Allégorie ».

Polysémie : Notion qui désigne le fait qu'un mot — ou un groupe de mots — peut prendre plusieurs significations dans un même contexte, sans qu'on puisse en exclure l'une ou l'autre. On pourrait dire que la polysémie fait appel à la richesse de sens des mots. Le Petit lexique préparatoire permet souvent de mettre en lumière cet aspect sémantique.

Portrait : Procédé narratif qui consiste en la description physique, morale, psychologique ou sociale d'un personnage. Exemples : *Pierrot*, lignes 1 à 7, *L'aventure de Walter Schnaffs*, lignes 2 à 17, et *Le cas de Mme Luneau*, lignes 12 à 14.

Prolepse : Anticipation dans le déroulement chronologique. Exemple : l'anticipation fantasmée du soldat dans *L'aventure de Walter Schnaffs*, lignes 95 à 115. Contraire : *analepse*.

Réaliste (Tonalité) : On retrouve cette tonalité dans les textes surtout descriptifs, sans connotation (voir ce mot), qui visent à peindre le réel tel qu'il est.

Répétition : Figure d'insistance qui consiste à reprendre au moins deux fois un même mot, de façon rapprochée. C'est la proximité des reprises qui fait la répétition. Exemple : *Sur l'eau*, lignes 6 et 7. Voir « Isolexisme ».

Scène : Procédé narratif. Unité de texte narratif ou dramatique fondée sur une action ou sur un dialogue. Exemples : le cortège, lignes 55 à 63, et le repas, lignes 108 à 159, dans *Le baptême*.

Style discursif : On distingue trois façons de rapporter les paroles de quelqu'un : le style direct (reprise des paroles telles quelles), le style indirect (paroles rapportées), le style indirect libre (paroles de quelqu'un rapportées sans introduction par des verbes comme *dire, répondre*, etc.). Le premier est vivant, le second permet de jouer avec le rapport des paroles, le dernier accélère le récit. Exemple de style indirect libre : *Deux amis*, lignes 143 à 146 et ligne 225.

Symétrie : Effet résultant de la répétition pure et simple d'une structure de phrase ou de la division d'une phrase en groupes de mots d'égale longueur, ou encore de la disposition des membres de la phrase. Exemple : *Le vieux*, lignes 202 à 206. Synonyme : *parallélisme*.

Synecdoque : Figure qui suggère un glissement de sens par extension ou par restriction grâce à un rapport d'inclusion entre la réalité évoquée et celle qu'on veut signifier, ce qui revient souvent à évoquer le tout pour la partie, la partie pour le tout, le singulier pour le pluriel. Exemple : « M. Sauvage tomba d'un bloc sur le nez », *Deux amis*, ligne 221.

Synecdoque / métonymie : Figures de style assez parentes, où la différence entre elles est ténue. Plusieurs métonymies courantes sont des synecdoques. On suggère d'utiliser l'appellation *métonymie* dans tous les cas.

Tableau : Procédé narratif qui consiste en la description d'un lieu, d'une atmosphère. Exemples : *Le baptême*, lignes 1 à 17, et *Coco*, lignes 6 à 23.

Thème : Structure stable de traits sémantiques (ou *sèmes*), récurrente dans un corpus, et susceptible de lexicalisations diverses.

Tonalité : Atmosphère générale créée par un ensemble de mots, de tournures, de procédés, etc. La tonalité tient de la connotation, mais s'applique à un réseau d'éléments linguistiques dépassant le simple lexique et contribuant à un même effet. Sont parfois utilisés les mots *climat*, *registre* ou *style* pour désigner une tonalité. *Ton* s'applique plutôt à une réplique, une phrase, une expression, un mot, il entraîne un état affectif particulier chez le lecteur.

ANNEXE III

LISTE ALPHABÉTIQUE DES RÉCITS

MÉDIAGRAPHIE

ŒUVRES DE MAUPASSANT

MAUPASSANT, Guy de. *Contes et nouvelles* 1875-1884 / *Une vie, roman*, coll. « Bouquins », Paris, Robert Laffont / Quid, 1988, 1157 p.

MAUPASSANT, Guy de. *Contes et nouvelles* 1884-1890 / *Bel-Ami, roman*, coll. « Bouquins », Paris, Robert Laffont / Quid, 1988, 1381 p.

Voici réunie en deux volumes la quasi-totalité des récits brefs de Maupassant, classés selon l'ordre de leur première parution. On y trouve également d'intéressantes illustrations. Le premier volume s'ouvre sur un *Quid* de quelque trois cents pages où on découvre notamment une biographie de l'auteur, de courts portraits de sa famille et de ses amis, les résumés de ses contes et nouvelles, des romans, des récits de ses voyages et un dictionnaire de ses personnages. À la fin de ce premier tome, on peut lire une notice substantielle où sont analysés certains des grands thèmes maupassantiens : la peur, la folie, le double, la mort.

OUVRAGE SUR MAUPASSANT ET SON ŒUVRE

SATIAT, Nadine. *Maupassant*, coll. « Grandes biographies », Paris, Flammarion, 2003.

Biographie très détaillée, agrémentée de nombreux développements sur le contexte de l'époque.

SITES INTERNET

Des milliers de sites offrent des informations sur Maupassant, mais ils ne sont pas tous d'égale qualité. Il faut donc user de discernement. Plusieurs sites proposent également des textes numérisés. Ici aussi il est conseillé d'être vigilant, car beaucoup d'entre eux présentent des textes avec des fautes d'orthographe et de ponctuation.

Sur Maupassant et son œuvre

http://www.ac-rouen.fr/lycees/maupassant/maupas/mau_bio.htm

Site chapeauté par l'Académie de Rouen en France. À consulter pour la biographie, la bibliographie, la filmographie et pour de nombreux renseignements sur Maupassant.

http://maupassant.free.fr/

Site très riche de L'association des amis de Guy de Maupassant, dont le rôle est de faire mieux connaître la vie et l'œuvre de l'écrivain. On peut y trouver presque tous ses textes, leur traduction en plusieurs langues, des photographies ainsi qu'une étude très intéressante sur la taille de son vocabulaire.

Sur les adaptations cinématographiques de son œuvre

http://perso.wanadoo.fr/maupassantiana

On a dénombré plus d'une centaine de films et de téléfilms adaptés plus ou moins librement des contes, nouvelles et romans de Maupassant. Les plus connus sont sans doute *La chevauchée fantastique* (1939) du réalisateur américain John Ford, inspiré de *Mademoiselle Fifi*, de même que *Partie de campagne* (1936) de Jean Renoir, adaptation très réussie de la nouvelle du même nom.

Malheureusement, la plupart de ces films sont difficiles à trouver au Québec. Mais qui sait, vous pourrez peut-être en dénicher quelques-uns dans la filmothèque de votre collège.

Sur la Haute-Normandie

http://fr.wikipedia.org/wiki/Pays_de_Caux

Site qui présente, en images et en mots, la région d'origine de Maupassant, son histoire, sa géographie. On y trouve des descriptions de la plume même de l'auteur.

Sur la guerre franco-prussienne

http://www.anac-fr.com/commune/comm.htm

Ce site présente un résumé des principaux épisodes de la guerre, accompagné d'une carte qui montre les lieux des principales batailles, la progression des Prussiens, etc.

http://fr.wikipedia.org/wiki/Guerre_franco-allemande_de_1870

Site très détaillé où sont expliqués les origines du conflit, ses enjeux, ses conséquences.

DANS LA MÊME COLLECTION

Anthologie, *Poésies romantiques françaises et québécoises*

Balzac, Honoré de, *Ferragus*

Gaboriau, Émile, *Le Petit Vieux des Batignolles*

Hémon, Louis, *Maria Chapdelaine*

Hugo, Victor, *Les Contemplations, L'Âme en fleur* (Livre II) suivi de *Pauca meæ* (Livre IV)

La Fontaine, Jean de, *Fables choisies*

Marivaux, *La Double Inconstance*

Molière, *L'École des femmes*

Racine, Jean, *Bajazet*

Rimbaud, Arthur, *Œuvres poétiques choisies*

Rostand, Edmond, *Cyrano de Bergerac*